FRANCESCO CALBI

UN AVVOCATO

A ROMA

CON SOTTOTITOLI

DOCU-LIBRO
EDIZIONE IN PROPRIO

INDICE

Intro	pag.6
Le prove scritte	pag.10
1989	pag.11
1990	pag.25
1991	pag.37
1992	pag.47
1993	pag.59
1994	pag.68
1995	pag.79
1996	pag.88
1997	pag.99
L'esame orale	pag.109
I ricorsi	pag.111
1993	pag.113
1994	pag.130
1996	pag.136
Alleggerimento	pag.146
L'esame di stato	pag.155
Il processo	pag.165
Lettere	pag.182
Una giornata di lavoro	pag.185
L'attualità	pag.205
In trasferta al foro di Matera	pag.215
Note conclusive	pag.218

SOTTOTITOLI

TRENTA ANNI PER UN ESAME DI STATO

COSTRETTI ALL'ILLECITO

TRENTA ANNI DI INADEMPIMENTO

LA NEGAZIONE DELLO STATO DI DIRITTO

OBBLIGATI A RUBARE

IMPOSSIBILE RIMANERE PULITI

ALLA FINE IL CRIMINALE SONO IO

UNIVERSITÀ DEGLI STUDI DI ROMA
LIBRETTO D'ISCRIZIONE

MATR. G47280

CALBI FRANCESCO
NATO A ROMA
IL 19/08/60
IMMATRICOLATO AL 1 ANNO DEL CORSO DI LAUREA IN
GIURISPRUDENZA
NELL'ANNO ACCADEMICO 1979/80

DIRETTORE AMMINISTRATIVO

IL RETTORE
ANTONIO RUBERTI

FIRMA DELLO STUDENTE

BOLLI DEGLI ANNI ACCADEMICI

UNIVERSITÀ DEGLI STUDI DI ROMA 1979-80	UNIVERSITÀ ROMA	
	1983-84	UNIV. ROMA LA SAPIENZA 1984-85

VARIAZIONI E DELIBERAZIONI DEL CONSIGLIO DI FACOLTÀ

INTRO

Per 30 anni ho tentato di fare l'avvocato rimanendo pulito. Senza rubare neanche il titolo di abilitazione. Continuando a svolgere la professione mi sono determinato a non rivolgermi alla stampa o alla televisione per adire soltanto i tribunali. Ho pensato e sperato di concludere questa vicenda e poter dire che, seppure lentamente infine il diritto prevale, i tribunali sono uno strumento che riconosce il diritto.
Invece non è stato possibile.
Devo perciò abbandonare i tribunali e dopo 30 anni rivolgermi al sindacato ai politici ai giornali alle Tv.
Dopo essermi diplomato al Liceo Classico Giulio Cesare di Roma ed essermi laureato in giurisprudenza il 15.7.1987 all'università La Sapienza di Roma, dopo neanche due settimane il 28.7.1987 mi sono iscritto come praticante avvocato, quasi 30 anni fa. Nel 1989 ho avuto il certificato di compiuta pratica e ho iniziato a sostenere l'esame di stato.
Peraltro, conosco la differenza tra ricorso e citazione da prima di nascere. Mio padre è avvocato e mia madre è avvocato figlia di avvocato. Sono di terza generazione.
Ho avuto sei anni di abilitazione provvisoria all'esercizio professionale. Ho chiesto una proroga dell'abilitazione provvisoria e mi è stata negata "ai sensi delle normative vigenti", mentre si tratta appena del comma 3, dell'art.8, del RDL.n.36 del 1934, che neanche esclude la possibilità di proroga.
Ho sostenuto per nove anni consecutivi gli scritti dell'esame di stato per 27 temi, con anche una prova orale. Sempre insufficiente.
Vediamo alcuni atti relativi all'esame di stato per avvocati.
Nel 1992 la Legge ha previsto la votazione con anche il giudizio. Uno dei miei scritti è stato valutato "molto erroneo", con voto 25. Se fosse stato poco erroneo avrei forse avuto 30, che è il minimo sufficiente. Quindi secondo il vocabolario in uso alla Commissione d'esame esisterebbe

anche molto illegittimo, molto abusivo. Oppure appena appena illecito.

L'anno successivo sono stati nuovamente esclusi i giudizi e per Legge si è tornati ai soli voti.

L'autorità Garante della Concorrenza e del Mercato ha svolto una Indagine conoscitiva nel 1997 e all'esito ha così concluso: "non può certo essere riservato agli ordini un ruolo determinante nella fase di accertamento del possesso dei requisiti del candidato. Ciò infatti equivarrebbe a sacrificare la terzietà di chi contribuisce a stabilire il numero di coloro che sono ammessi ad entrare nel mercato".... "sia la designazione da parte degli ordini ... sia la presenza della maggioranza degli stessi nelle commissioni ... hanno la possibilità di influenzare gli esiti restringendo il numero di coloro che intendono accedere".

Con atto del 1999, la Corte di Appello di Roma mi ha certificato che in dieci anni, dal 1989 al 1999, con oltre tremila candidati ogni anno, quindi su oltre trentamila laureati, soltanto DUE candidati hanno ottenuto il massimo dei voti nelle prove scritte (50-50-50). Di quei due fenomeni tuttavia non è possibile leggere le prove. Come se qualcuno vincesse le olimpiadi e fosse costretto all'anonimato.

Nel 1998 il Consiglio Nazionale Forense con Decisione n.93 del 1998 in mio favore ha dichiarato "la nullità del provvedimento di cancellazione dal registro dei praticanti avvocati", ma l'Ordine di Roma non ha mai adempiuto.

Ancora nel 1999, avendo necessità di esercitare la professione e a seguito dell'annullamento della cancellazione, ho chiesto l'iscrizione all'Albo. Il Ministero della Giustizia ha mandato gli atti al Consiglio Nazionale Forense che li ha trasmessi al Consiglio dell'Ordine di Roma, il quale non ha adempiuto in alcun modo.

Nel 2009 ho chiesto l'aggiornamento del numero dei candidati che avessero avuto il massimo dei voti all'esame di stato e la Corte di Appello ha respinto l'istanza ritenendomi carente di interesse.

In un articolo del Corriere della Sera del 4.9.2008, il giornalista Gian Antonio Stella ha pubblicato la notizia per cui il Ministro dell'Istruzione dell'epoca, avv. Mariastella

Gelmini, per acquisire l'abilitazione professionale ha compiuto un falso trasferimento di residenza verso la Calabria. Il Ministro ha giustificato il suo illecito con lo stato di necessità "dovevo lavorare subito".
In stato di necessità chi va a rubare non è punibile, ex art.54 del codice penale. Invece chi non va a rubare, come ho fatto per 30 anni, viene considerato criminale.
È obbligatorio rubare.
L'ultima possibilità per diventare avvocati ora è quella di passare per la Spagna. Diventa avvocato in Spagna è la pubblicità diffusa ovunque, soprattutto nel web. E così migliaia di laureati italiani vanno a prendere la laurea spagnola per il tramite di società italiane, presso università private che permettono "prove in italiano con test a crocette". Una vera farsa. Sembra che una delle più quotate di queste università sia un ateneo della Colombia riconosciuto in Spagna. Per svolgere la professione di avvocato a Roma perciò si passa dalla Colombia, pagando oltre diecimila euro agli imprenditori italiani (che tutto il mondo ci invidia). A causa di tale invasione la Spagna ha minacciato di introdurre l'esame di stato, per evitare questa beffa. Ma poi non se ne è fatto nulla.
Nel corso dei molteplici giudizi che ho intrapreso avanti i tribunali ho fatto le seguenti richieste, mai accolte:
- acquisire i miei scritti dell'esame di stato per avvocato (n.27 temi) presso la Corte di Appello di Roma;
- acquisire gli scritti di coloro che hanno superato l'esame con il massimo dei voti e compararli con i miei.
- effettuare indagini sull'imparzialità delle commissioni d'esame, come da decisione dell'Antitrust;
- estendere lo stato di necessità al sottoscritto.
- sentire il Ministro degli Affari Esteri, o un suo delegato, sugli effetti dell'esodo obbligato in Spagna da parte degli aspiranti avvocati italiani.
Mi sono riservato di nominare mio difensore l'avv. Mariastella Gelmini
Quando all'udienza del 2.11.2010 l'ennesimo giudice nuovamente sostituito anziché ascoltare le mie dichiarazioni mi ha invitato a rivolgermi al mio avvocato, ho sentito l'inutilità di ogni azione.

Dunque, i Tribunali, il Ministero, il Parlamento, il Presidente della Repubblica, l'Antitrust, si sono pronunciati su questa vicenda senza intaccarla.

Si tratta evidentemente di una questione giornalistica o meglio politica. Si tratta dell'eccesso di potere che prevale sullo stato di diritto. Le istituzioni non hanno la forza di affermare il diritto e cedono di fronte al potere. Ma è ormai il cedimento è talmente diffuso e capillare che emerge continuamente in ogni azione e in ogni angolo. E si vive male.

Sarebbe ora di intervenire per quanto nessuno sembra averne il coraggio.

Perciò pubblico questo resoconto completo dei documenti, degli atti, dei provvedimenti, delle sentenze.

LE PROVE SCRITTE

E poiché questo è un libro-documento che si rivolge a chi è direttamente interessato alla materia;
prima di passare alla pubblicazione dei vari procedimenti giudiziari;
qui di seguito trascrivo i miei nove anni di esami di stato per 27 prove scritte e una prova orale.

Regio Decreto 22 gennaio 1934, n. 37.
Norme integrative e di attuazione del R.D.L. 27 novembre 1933, n. 1578, sull'ordinamento della professione di avvocato e di procuratore.

Art.17-bis. 1. Le prove scritte sono tre. Esse vengono svolte sui temi formulati dal Ministro di grazia e giustizia ed hanno per oggetto:
a) la redazione di un parere motivato, da scegliersi tra due questioni in materia regolata dal codice civile;
b) la redazione di un parere motivato, da scegliersi tra due questioni in materia regolata dal codice penale;
c) la redazione di un atto giudiziario che postuli conoscenze di diritto sostanziale e di diritto processuale, su un quesito proposto, in materia scelta dal candidato tra il diritto privato, il diritto penale e il diritto amministrativo.
2. Per ciascuna prova scritta ogni componente delle commissioni d'esame dispone di 10 punti di merito; alla prova orale sono ammessi i candidati che abbiano conseguito, nelle tre prove scritte, un punteggio complessivo di almeno 90 punti e con un punteggio non inferiore a 30 punti per almeno due prove.

805

CORTE DI APPELLO DI ROMA
COMMISSIONE ESAMI PROCURATORE LEGALE

19 DIC. 1989

Redazione di parere sulla questione di cui al N° 2

L'intera questione verte sull'esistenza o meno del vizio di nullità dell'atto di compravendita, o dell'intero negozio composto da compravendita e successiva scrittura privata.

L'atto pubblico di compravendita è stato stipulato con la specifica funzione di "garantire il pagamento del debito", ma nel caso non si ritiene che l'atto stesso possa contenere in sé un patto commissorio con intento di costituire una garanzia reale in funzione del mutuo, patto espressamente vietato dalla legge ex art. 2744 e 1963 Cod. Civ.

L'esistenza del patto commissorio renderebbe nulla la vendita e Tizio sarebbe ancora proprietario dell'appartamento, non avendone mai perduto la titolarità; e il relativo contratto di locazione sarebbe anch'esso nullo, o meglio inesistente poiché non si può essere locatari della cosa propria.

Ma non è questo il caso, e, forse, non è questa la via più idonea a far valere i diritti e le necessità di Tizio.

Infatti la distinzione fra vendita fiduciaria a scopo di garanzia e negozio simulato, sta nel fatto che la prima comporta il trasferimento immediato della proprietà al compratore, che poi ha l'obbligo di ritrasferire il bene al momento dell'estinzione del debito, mentre la vendita con patto di riscatto dissimulante un mutuo con patto commissorio, pur essendo in essa stabilito diversamente, comporta che il compratore diventi proprietario soltanto se il debitore non pagasse nel termine stabilito.

Nel caso in questione, un atto pubblico è stato effettivamente posto in essere e il trasferimento della proprietà si è verificato, sia pure con la funzione secondaria, quindi lecita, di garantire il pagamento di un debito.

L'atto pubblico ha prodotto i suoi effetti di piena prova, fino a querela di falso, di quanto in esso contenuto, compreso il trasferimento della proprietà dell'immobile; soltanto in base a tali argomentazioni, ovvero sostenendo l'esistenza di un patto commissorio connesso all'atto di vendita ed in esso compreso, Tizio

Corte di Appello di Roma - 19 dic.1989.
Redazione di parere sulla questione di cui al N.2.
Titolo: Tizio, debitore di Caio, per la somma di 10 milioni, stipulava con esso un atto pubblico di vendita di un appartamento di sua proprietà, con la funzione di garantire il pagamento del debito, ma continuava a godere del bene in virtù di contemporaneo contratto di locazione.
Le parti avevano peraltro, con scrittura privata, regolamentato le modalità di retrocessione del bene, da effettuarsi entro due anni dalla estinzione del mutuo. Prima di tale scadenza, tuttavia, Tizio, richiesta la restituzione dell'immobile, ne riceve diniego. Per tale motivo, Tizio, avendo necessità di rientrare nella piena disponibilità del bene, si rivolge al proprio avvocato, chiedendogli un parere sulla questione.
Rediga il candidato tale parere, affrontando le varie problematiche sottese alla questione proposta, soffermandosi altresì sulla tutela consigliabile a Tizio.
Svolgimento.
L'intera questione verte sull'esistenza o meno del vizio della nullità dell'atto di compravendita, o dell'intero negozio composto da compravendita e successiva scrittura privata.
L'atto pubblico di compravendita è stato stipulato con la specifica funzione di "garantire il pagamento del debito", ma in tal caso non si ritiene che l'atto stesso possa contenere in sè un patto commissorio con intento di costituire una garanzia reale in funzione del mutuo, patto espressamente vietato dalla legge ex art.2744 e 1963 Cod. Civ..
L'esistenza del patto commissorio renderebbe nulla la vendita e Tizio sarebbe ancora proprietario dell'appartamento, non avendone mai perduto la titolarità e il relativo contratto di locazione sarebbe anch'esso nullo, o meglio inesistente poichè non si può essere locatari della cosa propria.
Ma non è questo il caso, o, forse, non è questa la via più idonea a far valere i diritti e le necessità di Tizio.
Infatti la distinzione fra vendita fiduciaria a scopo di garanzia e negozio simulato, sta nel fatto che la prima comporta il trasferimento immediato della proprietà al compratore, che poi ha l'obbligo di ritrasferire il bene al

momento dell'estinzione del debito, mentre la vendita con patto di riscatto dissimulante un mutuo con patto commissorio, pur essendo in essa stabilito diversamente, comporta che il compratore diventi proprietario soltanto se il debitore non pagasse nel termine stabilito.
Ma nel caso in questione, un atto pubblico è stato effettivamente posto in essere e il trasferimento della proprietà si è verificato, sia pure con la funzione secondaria, quindi lecita, di garantire il pagamento di un debito. L'atto pubblico ha prodotto i suoi effetti di piena prova, fino a querela di falso, di quanto in esso contenuto, compreso il trasferimento della proprietà dell'immobile.
Soltanto in base a tale argomentazione, ovvero sostenendo l'esistenza di un patto commissorio congiunto all'atto di vendita ed in esso compreso, Tizio difficilmente può richiedere la restituzione dell'immobile prima della scadenza del termine, dato che tale termine essenziale è per legge stabilito perentoriamente e non ordinatoriamente, per cui non può essere in alcun modo prorogato, nè può essere derogato senza il consenso dell'altra parte (artt.1457 e 1501 Cod. Civ.).
La domanda di Tizio, quindi, potrebbe non avere buon esito, risultando così la soccombenza di Tizio, con le relative conseguenze di legge.
Un'ulteriore ipotesi, forse più convincente, potrebbe essere quella di sostenere la nullità del contratto per illiceità della causa ex art.1418 in relazione all'art.344 Cod. Civ., ovvero stipulato per eludere una norma imperativa, che è quella che vieta il patto commissorio, ovvero l'art.2744 C.C..
Le parti, mediante la stipula di due atti indipendentemente validi, un atto pubblico di compravendita e una scrittura privata, formalmente valida anch'essa perchè ammessa dal Codice Civile (art.2702 e ss.) e contenente i requisiti per la validità di quanto in essa dichiarato, con la quale stabilivano le condizioni e i termini del riscatto a favore del venditore, eludevano, nel concorso dei due atti, proprio quella norma che vieta il patto commissorio di cui si š detto, ovvero ponevano in essere l'intento di costituire una garanzia reale in funzione del mutuo. Tutto ciò in favore esclusivo di Caio ed in danno di Tizio, che, per un debito di

soltanto 10 milioni, al valore attuale, si trovava di contro a poter perdere un appartamento di valore senz'altro superiore e del quale ne aveva soltanto il possesso a titolo di locatario e non più quale proprietario. Tizio, messo alle strette dalla sua momentanea difficile situazione economica, era stato costretto a firmare i due atti e a rimanere in godimento dell'appartamento a titolo di locatario, pagando anche, eventualmente, un fitto.

Al momento in cui Tizio, potendo assolvere al suo obbligo e potendo pagare il suo debito, richiedeva a Caio la restituzione dell'appartamento, quest'ultimo opponeva il diniego, illecitamente, anche a prescindere dall'avvenuto saldo del debito da parte di Tizio.

In base a tutto ciò, Tizio può rivolgersi all'Autorità Giudiziaria competente per territorio e per valore, citando Caio davanti al Tribunale Civile del luogo ove è posto l'immobile, ex art.21 c.p.c., perchè rifiuta di restituire l'immobile alla formale e sostanziale disponibilità di Tizio, illecitamente, per sentire dichiarare, previa declaratoria di nullità dell'atto di vendita e della scrittura privata perchè stipulati in frode alla legge per eludere il divieto del patto commissorio, il trasferimento formale e sostanziale della proprietà dell'immobile e il rientro nella sua piena disponibilità, tale da potersi far valere anche e soprattutto nei confronti di terzi, con condanna di Caio alle spese del giudizio e all'eventuale risarcimento del danno ex art.1223 Cod. Civ., subìto a causa del diniego opposto da Caio, che avrebbe potuto comportare un ritardo nella vendita dell'appartamento e quindi un mancato utilizzo della somma derivatane.

Caio dovrà anche essere condannato alla restituzione delle somme eventualmente percepite a titolo di canone di locazione.

Ai sensi dell'art.1224, 2°comma, potrebbe anche venir richiesta la liquidazione a favore di Tizio di una somma a titolo di maggior danno, qualora Tizio potesse dimostrare che il mancato impiego della somma ricavabile dalla vendita dell'appartamento de quo e non ricavata per il rifiuto espresso da Caio (in occasione della richiesta da parte di Tizio di restituire l'immobile), avesse comportato un particolare pregiudizio patrimoniale, non soltanto in relazione alla svalutazione monetaria, ma anche all'impossibilità di partecipare ad investimenti più redditizi. Voto 20 - Venti.

Corte di Appello di Roma - 20 dic.1989.
Redazione di parere su questione di cui al quesito n.1.
Titolo: Tizio istiga Caio e Sempronio, locatari di un magazzino di tessuti ed intestatari di un contratto di assicurazione con elevato massimale, a provocare l'incendio dei locali da essi condotti. Pochi giorni dopo, una violenta esplosione di alcuni bidoni di benzina siti nel magazzino, cagionata da Caio e Sempronio, seguita da incendio, distrugge in poco tempo alcuni locali, ma causa altresì la morte dello stesso Caio e di un custode.
Tizio, raggiunto da un mandato di comparizione, resosi latitante, richiede al proprio avvocato un parere sulla sua posizione. Ad esso rende noto, fra l'altro, di aver già riportato in precedenza altre condanne per il reato di cui all'art.423 C.P. e di essere stato colto più volte da incontenibile raptus di piromania.
Rediga il candidato il parere richiesto, illustrando le problematiche sottese alla fattispecie in esame ed indicando la linea difensiva più utile da consigliare al proprio assistito.
Svolgimento.
Nel caso in cui, ai sensi dell'art.11o C.P., più persone concorrono nel medesimo reato, ciascuna soggiace alla pena prevista per quel tipo di reato.
La posizione di Tizio rientra nella fattispecie del concorso suddetto, in quanto la partecipazione al reato non deve essere necessariamente materiale, anzi, non soltanto è sufficiente la partecipazione morale al reato, ma nel caso in esame, questa può essere individuata sotto la forma della promozione ed istigazione od organizzazione, soggetta così all'aggravante di cui all'art.112, n.2.
L'imputazione su cui Tizio potrebbe, quindi, essere chiamato a rispondere è quella prevista dall'art.423 C.P., che si riferisce all'ipotesi dell'incendio doloso, dato che quello è il reato cagionato e voluto, cui si applicherebbe l'aggravante della recidiva specifica ai sensi dell'art.99 n.1.
Alla pena così computata deve aggiungersi, in base alle previsioni dell'art.73 C.P. circa il concorso di reati, quale pena unica per più reati, l'altra pena prevista dall'art.642 C.P., secondo il quale commette reato chi distrugge cose di sua proprietà al fine di conseguire il prezzo di

un'assicurazione, anche se solo a favore di altri, ovvero Caio e Sempronio, reato di cui può essere chiamato a rispondere Tizio, nell'imputazione a suo carico.
Infatti Tizio può essere ritenuto responsabile di aver concorso, anche in tal caso con l'aggravante della posizione prevista dal 112 n.2 C.P., a commettere il reato di fraudolenta distruzione di cosa propria, oltre a quello di incendio doloso di cui sopra.
Se così dovesse essere formulata l'imputazione a carico di Tizio, anche Sempronio verrebbe imputato degli stessi reati, ad esclusione a suo carico dell'aggravante relativa alla promozione, organizzazione, ecc.. Anzi, Sempronio potrebbe anche aver diritto alle attenuanti generiche ex art.62 bis, in relazione al modo, all'occasione, al temperamento e al contegno dello stesso.
Inoltre, poichè dalla commissione dei reati suddetti, ne è derivata la morte di due persone, una delle quali autore egli stesso dei reati medesimi, l'altra estranea perchè esercente l'attività di custode nei locali incendiati, Tizio, così come Sempronio, può essere imputato anche del reato più grave di cui all'art.586 C.P., in concorso aggravato, ancora una volta per la sua attività di promotore dell'operazione, in quanto -in relazione anche all'art.83 C.P. che prevede la responsabilità colposa dell'evento non voluto, quando però il fatto determinante fosse anch'esso un delitto colposo- il fatto doloso determinante la morte di altre persone era diverso intrinsecamente all'evento finale, non voluto, come nel caso di specie, salvo che non si fosse trattato di lesioni o percosse determinanti la morte, nel qual caso si sarebbe rientrati nell'ambito del delitto preterintenzionale.
Ai sensi dell'art.116 C.P., quindi, anche Tizio può essere ritenuto colpevole della morte di due persone, verificatasi quale reato diverso da quello voluto da taluno dei concorrenti e quindi imputato di tale reato.
Stabilito questo, la linea difensiva che si può sostenere in difesa di Tizio è la seguente:
Tizio deve essere giudicato per aver concorso moralmente con Caio e Sempronio, quale istigatore, ovvero quale semplice concorrente e non quale esclusivo promotore del fatto, a commettere il solo reato di cui all'art.642 C.P.,

fraudolenta distruzione di cosa propria per conseguire il prezzo di un'assicurazione.

Infatti Tizio è affetto da raptus incontenibili di piromania e così, nel concorso con altre persone che avrebbero potuto trarre profitto da tale evento, che comunque parteciparono anch'essi all'ideazione del reato, istigò Caio e Sempronio a procedere in tal senso, rafforzando così la loro idea di mettere fuoco ai magazzini. Tizio agì in tal direzione soltanto al fine di soddisfare la sua smania piromane. Li istigò all'incendio, per una sua manìa patologica e soltanto per soddisfare se stesso, dato che non avrebbe tratto alcun profitto, mentre gli altri due erano già propensi, probabilmente, tanto che si lasciarono convincere e si dedicarono all'azione, ideandone anche le modalità e provvedendo essi stessi all'organizzazione del fatto-reato.

Egli, Tizio, partecipò all'evento, ponendo in essere soltanto una semplice attività di persuasione, partecipando moralmente e manifestò così quell'appoggio esterno, che, evidentemente, non può escluderlo dalla responsabilità, ma non può farlo ritenere il promotore unico e rendere così applicabile nei suoi confronti l'aggravante di cui al n.2 dell'art.112 C.P.

In ordine a tutti gli altri reati, nulla può essere imputato a Tizio, che deve ritenersi estraneo al concorso di quanto altro avvenuto.

In realtà, il reato di incendio doloso, previsto ex art.423 C.P., è imputabile soltanto a Caio e Sempronio (o forse fu proprio Caio il promotore di tutta l'operazione, a cui Tizio partecipò soltanto sostenendo l'idea dell'incendio, e che coinvolse Sempronio attratto dall'idea del guadagno), che per dar fuoco ai locali, usarono alcuni bidoni di benzina provocando quella violenta esplosione. Per incendiare un locale di tessuti, invece, sarebbe stato sufficiente l'uso di alcuni fiammiferi o anche di uno solo. I bidoni di benzina, peraltro, erano già all'interno dei locali e Tizio non poteva averne conoscenza, nè aveva intenzioni così devastanti, dato che, seppure con precedenti specifici, era ancora in libertà essendo soltanto un piromane e non un sanguinario.

Tizio concorse soltanto al reato di cui all'art.642 C.P., in quanto quello era il reato che i tre, in concorso fra loro, avevano intenzione di realizzare.

Tizio, dal canto suo, partecipò perchè così facendo avrebbe ottenuto anche lo scopo diverso che era quello di soddisfare la sua smania, ma la sua volontà era diretta a quel tipo di reato, perchè quello era l'intento dei tre; infatti la sua partecipazione si limitò all'indicazione del mezzo con cui realizzare l'evento della distruzione fraudolenta, ma la volontà dei tre non era diretta all'incendio doloso.

È evidente che Tizio è totalmente estraneo anche alla morte occorsa sia a Caio che al custode, per gli stessi motivi di cui sopra, ovvero in quanto il suo intento non era quello di produrre effetti così devastanti.

Conseguentemente egli potrebbe essere condannato, ex art.642 C.P., alla reclusione da sei mesi a tre anni, con multa fino a L.4oo.ooo, senza l'aggravante di cui al 3° comma, in quanto non ne avrebbe ricavato profitto.

Quindi la richiesta di pena, ai sensi dell'art.444 nuovo cod.proc.pen., potrebbe essere di condanna di Tizio a mesi due di reclusione, partendo dal minimo, e multa di L.370.000, partendo dal massimo, con le riduzioni previste dal citato art.444 o derivanti dalla richiesta di giudizio abbreviato.

In subordine, dato che dalla formulazione del quesito può ritenersi evidente che Tizio abbia istigato Caio e Sempronio all'incendio dei locali e questo fosse il suo intento specifico, seppure può essere escluso con le argomentazioni su esposte, non sarebbe sostenibile l'ipotesi che egli li abbia istigati ad incendiare i soli tessuti, per così avere il profitto dell'assicurazione sugli stessi, si può sostenere la partecipazione comunque semplice e non in qualità di promotore, al concorso nel reato più grave di cui all'art.423, punibile con la reclusione da 3 a 7 anni.

In tal caso Tizio avrebbe diritto all'applicazione del favor rei previsto dall'istituto della continuazione, non esistendo nei suoi crimini ripetuti il medesimo disegno criminoso, seppure con l'aggravante della recidiva specifica prevista dall'art.99 n.1. Quindi avrebbe diritto alla condanna della sola maggiorazione fino al triplo della pena inflitta nel reato più grave, tenuto conto delle aggravanti ed attenuanti, ivi compresa la recidiva.

In ogni caso, comunque, avrebbe diritto anche alla diminuzione prevista dall'art. 444 nuovo cod.proc.pen., in caso di assenso, alle richieste formulate dalla difesa, da parte del P.M., ovvero alla riduzione prevista in caso di giudizio abbreviato ex art.438 nuovo cpp, seppure dietro consenso del P.M..

Pertanto, a seguito della analisi ora esposta, si consiglierebbe a Tizio, di presentarsi davanti al magistrato, giustificando la sua lontananza, per sostenere le tesi di cui sopra.

Voto 30 - Trenta.

Corte di Appello di Roma - 21 dic.89.
Quesito n.1.
Titolo: In costanza di regime di divorzio, la sig.ra Caia, residente in Roma, già coniugata con il sig. Sempronio, instaura una convivenza more uxorio con Tizio e con lo stesso genera un figlio.
Il sig. Sempronio, residente a Napoli, in relazione a detto stato di fatto, intende chiedere la revoca della concessione dell'assegno attribuito all'ex moglie con la sentenza di divorzio, pronunciata dal Tribunale di Firenze.
Redigete l'atto di citazione, ovvero la comparsa di risposta, secondo che riteniate fondata o non la pretesa del marito.
Svolgimento.

    Tribunale Civile di Roma

Ricorso ex art.9, L.1.XII.1970, n.898
Ill.mo Sig. Presidente,
Il sig. Sempronio, nato a x, residente in Napoli ed elettivamente domiciliato in Roma, Via x, presso lo studio dell'avv. x che lo rappresenta e difende in virtù di delega a margine del presente atto;
contro: sig.ra Caia, nata a x, residente in Roma, Via x;
Premesso che, con sentenza del Tribunale di Firenze, emessa in Camera di Consiglio in data x, veniva dichiarata la cessazione degli effetti civili del matrimonio, celebrato nel Comune di , contestualmente veniva stabilito un assegno alimentare, a carico del ricorrente, da corrispondere alla ex moglie, sig. Caia. Tale assegno è sempre stato regolarmente corrisposto nell'importo e nei termini stabiliti dalla suddetta sentenza, da parte del sig. Sempronio e la sig.ra Caia non ha mai avuto a dolersi di ciò.
Nel corso del tempo, tuttavia, le condizioni patrimoniali delle parti si sono modificate ed attualmente sono tali da far ritenere iniqua, nei confronti dell'ex marito, la permanenza dell'obbligo alla corresponsione dell'assegno de quo.
Infatti, innanzitutto, da qualche tempo, la sig.ra Caia ha instaurato una relazione con il sig.Tizio, con il quale convive e dalla cui relazione è nato un figlio.
Il sig. Tizio risulta titolare dell'attività di x, dalla quale percepisce un reddito considerevole, che gli permette di

vivere in condizioni dignitose e di provvedere all'educazione e sostentamento del figlio.

La sig.ra Caia, dal canto suo, ha migliorato le condizioni economiche, rispetto al tempo in cui fu emanata la sentenza, tanto che ha potuto scegliere di avere un figlio e quindi concorrere al suo mantenimento.

Infatti la sig.ra Caia è presente quotidianamente nei locali in cui il sig. Tizio svolge la sua attività, con mansioni di assistenza e segreteria e da ciò ne percepisce senz'altro un reddito, o contribuisce ad accrescere il reddito di Tizio.

Inoltre, poichè a causa delle gravi condizioni di salute del ricorrente, che è affetto da malattia nervosa, come da certificati medici che si esibiscono, lo stesso ricorrente si trova costretto a diminuire la propria attività lavorativa, con conseguente grave pregiudizio economico, che non gli permette di continuare a corrispondere il detto assegno.

Pertanto, in base ai fatti su esposti e da quanto altro emergerà, a norma degli artt. 9, L.898/70 e 44o Cod.Civ., che prevedono la cessazione dell'obbligo alimentare in caso di modifica delle condizioni economiche delle parti,

CHIEDE

che il Tribunale Civile di Roma, riunito in Camera di consiglio, previa fissazione dell'udienza di comparizione e del termine per la notifica, Voglia revocare l'assegno alimentare a carico di Sempronio ed a favore di Caia, perchè non più dovuto a causa delle mutate condizioni economiche delle parti, come specificato in narrativa e come risulterà provato e documentato; o in subordine Voglia ridurlo notevolmente, nella misura che si riterrà di giustizia; con condanna del soccombente alle spese, competenze ed onorari, da distrarsi a favore dell'avv. x, antistatario.

Con riserva di mezzi istruttori.

Si esibisce: n.2 certificati medici; denuncia dei redditi del 1988.

Roma, 21.XII.89   (Avv.----)

    Tribunale Civile di Roma

Memoria difensiva e domanda riconvenzionale

per Sig.ra Caia, nata a x, residente in Roma, Via x, ed elettivamente domiciliata in Roma, via x, presso lo studio

dell'avv. x, che la rappresenta e difende come da delega a margine;   resistente
contro: sig. Sempronio, nato a , residente in Napoli, ricorrente.
oggetto: opposizione alla richiesta di revoca di assegno familiare.
Fatto e diritto: Con ricorso del 21.XII.89, notificato il , il sig. Sempronio conveniva in giudizio la sig.ra Caia all'udienza del , assumendo che le condizioni economiche della resistente, così come quelle dello stesso ricorrente, fossero mutate rispetto al tempo in cui fu emanata la sentenza del Tribunale di Firenze N.X, e che quindi non vi erano più le condizioni per mantenere l'obbligo al suddetto assegno.
Si costituisce con il presente atto la sig.ra Caia per contestare la domanda attrice e propone domanda riconvenzionale.
In effetti la sig.ra Caia, poichè dalla relazione con il sig. Tizio è nato un figlio, i genitori stessi hanno deciso di allevarlo, pur sottoponendosi alle notevoli difficoltà economiche che ciò comportava.
Dato tale fatto, essi hanno dovuto intraprendere la convivenza, proprio per limitare le spese di alloggio ed attualmente vivono in un appartamento di due stanze, per il quale corrispondono canone mensile di affitto, come risulta dalle ricevute che si esibiscono.
Il sig. Tizio, seppur titolare, in società con altre due persone, dell'attività x, percepisce un reddito che gli è appena sufficiente per il proprio mantenimento, dato che la stessa attività non è che al secondo anno di vita e quindi ancora non avviata ed è soggetta a spese elevate, tra le quali anche l'affitto dei locali, del quale si esibiscono le ricevute.
Si rileva, inoltre, che per l'attività del sig.Tizio è necessaria una segretaria specializzata, la quale infatti lavora a tempo pieno ed è regolarmente stipendiata.
La sig.ra Caia, raramente e non a tempo pieno, si reca nei locali del sig.Tizio e nel resto del tempo si occupa del figlio e non ha reddito proprio, anche perchè la stessa nascita del figlio le ha comportato una mancanza di tempo per

lavorare, non avendo entrambi i conviventi le possibilità economiche di servirsi di una baby sitter.
Si ritiene, infine, che la presunta malattia nervosa del sig. Sempronio, non sia di gravità tale da ridurre la sua attività e quindi il suo reddito, tenuto presente che lo stesso, oltre a continuare a vivere nella casa di sua proprietà in via del Corso, nel centro di Napoli, è proprietario anche di due appartamenti in Roma, in via Laurentina, dai quali percepisce un canone, e spesso si permette viaggi all'estero, come risulta dai messaggi lasciati nella propria segreteria telefonica, ascoltati da più persone, che saranno sentite, nonchè, gira con un'auto di grossa cilindrata.
Pertanto si chiede il rigetto della domanda attrice, così come formulata, con tutte le conseguenze di legge, anche in ordine alle spese.
In via riconvenzionale, si chiede che il Tribunale di Roma, Voglia determinare un aumento nell'importo dell'assegno alimentare di cui si tratta, ai sensi dell'art.440 Cod.Civ., dato che, essendo la sig.ra Caia priva di reddito e dovendo provvedere all'educazione e al sostentamento del figlio, non trova sufficiente l'attuale importo dell'assegno, anche in relazione agli aumenti del costo della vita e tenuto presente che il sig. Sempronio vive in condizioni economiche agiate.
Si chiede, quindi, che il Presidente del Tribunale, Voglia modificare il decreto di fissazione dell'udienza, pronunciando nuovo decreto con nuova data e nuovo termine per la notifica del presente atto.
Si indicheranno mezzi di prova.
Si esibisce: ricevute canone affitto appartamento e locali, atto costitutivo della società e dichiarazione redditi di Tizio, copia busta paga segretaria.
Roma, 21.XII.89   (Avv.-----)
Voto 25 - Venticinque.

1249

Svolgimento quesito n. 1

Lo stato dei luoghi del fondo A. di Tizio, risulta essere di assoluta interclusione ovvero senza accesso proprio alla via pubblica, dal che Tizio debba servirsi del fondo altrui per accedere al proprio.

Il requisito necessario a fini della costituzione di una servitù di passaggio è proprio quello dell'assoluta interclusione del fondo. Nel caso di interclusione relativa, ugualmente è prevista la costituzione della servitù di passaggio su fondo altrui, quando diverse unità dello stesso fondo non siano fra loro collegate, né risultino collegabili senza eccessivo dispendio o disagio, sia a causa di ostacoli naturali, sia per fatto dello stesso proprietario del fondo relativamente intercluso.

La servitù è un diritto reale che appartiene al fondo e si trasferisce con esso. È un vantaggio costituito in favore di un fondo tale che renderlo pienamente utilizzabile in ogni sua forma. Al contempo essa comporta uno svantaggio a discapito del fondo servente su cui grava dallo stesso.

Le servitù prediali possono essere costituite con contratto, su accordo delle parti, o coattivamente con sentenza (artt. 1031, 1032 Cod. C.v.).

La servitù di passaggio, in particolare, ha lo scopo di permettere l'accesso al fondo intercluso o dominante, che ha il diritto reale, nel modo più agevole attraverso il fondo di altro proprietario o servente, che ha diritto ad un'indennità per la limitazione subita.

L'interclusione assoluta è requisito necessario per la costituzione della servitù coattiva di passaggio, che si differenzia da quella volontaria, ovvero dalle servitù costituite per usucapione o per destinazione del padre di famiglia, in quanto è costituita con sentenza, in mancanza di contratto.

Corte di Appello di Roma - 18 dic.1990.
Quesito n.1.
Titolo: Tizio, proprietario del fondo A intercluso, raggiunge il suo terreno dalla strada pubblica utilizzando una strada pedonale realizzata sul fondo B di Caio, caratterizzato da un forte pendio. A seguito di trasformazione fondiaria Tizio ha bisogno di disporre di una strada carrabile che permetta il trasporto agevole dei prodotti ed a tal fine si rivolge a Mevio, proprietario del fondo C, adibito a giardino, chiedendo la costituzione di servitù coattiva su detto terreno. Mevio si rivolge a suo avvocato di fiducia per sapere se sia obbligato a subire la costituzione della servitù sul giardino di sua proprietà. Il candidato, assunte le vesti dell'avvocato, rediga il parere richiesto soffermandosi altresì sugli istituti e sulle problematiche ad essi sottese.
Svolgimento.
Lo stato dei luoghi del fondo A di Tizio, risulta essere di assoluta interclusione, ovvero senza accesso proprio alla via pubblica, tale che Tizio debba servirsi del fondo altrui per accedere al proprio.
Il requisito necessario ai fini della costituzione di una servitù di passaggio è proprio quello dell'assoluta interclusione del fondo. Nel caso di interclusione relativa, ugualmente è prevista la costituzione della servitù di passaggio su fondo altrui, quando diverse unità dello stesso fondo non siano fra loro collegate, nè risultino collegabili senza eccessivo dispendio o disagio, sia a causa di ostacoli naturali, sia per fatto dello stesso proprietario del fondo relativamente intercluso.
La servitù è un diritto reale che appartiene al fondo e si trasferisce con esso. E' un vantaggio costituito in favore di un fondo tale da renderlo pienamente utilizzabile in ogni sua forma. Al contempo essa comporta uno svantaggio a discapito del fondo servente su cui grava tale peso.
Le servitù prediali possono essere costituite con contratto, su accordo delle parti, o coattivamente con sentenza (art.1o31, 1o32 Cod. Civ.).
La servitù di passaggio, in particolare, ha lo scopo di permettere l'accesso al fondo intercluso o dominante, che ha il diritto reale, nel modo più agevole, attraverso il fondo

di altro proprietario o servente, che ha diritto ad una indennità per la limitazione subita.

L'interclusione assoluta è requisito necessario per la costituzione della servitù coattiva di passaggio, che si differenzia da quella volontaria, nonchè dalle servitù costituite per usucapione o per destinazione del padre di famiglia, in quanto è costituita con sentenza, in mancanza di contratto.

La sentenza stabilisce i termini secondo i quali la servitù di passaggio deve essere costituita, in modo da recare il minor danno per il massimo vantaggio, impone l'obbligo di permetterne l'utilizzo al proprietario del fondo servente, nonchè stabilisce la somma da versare a titolo di indennità da parte del proprietario del fondo dominante in favore del servente, sul cui fondo sarà realizzata l'opera.

Nel caso in esame Tizio ha pieno diritto alla costituzione di una servitù coattiva di passaggio per accedere al proprio fondo agevolmente e con i mezzi per lui necessari, non avendo un'uscita diretta sulla strada pubblica. Pur nel rispetto della norma relativa a tale diritto.

I criteri da tenere in considerazione sono quelli stabiliti dall'art.1o51 C.C. ed in particolare quelli stabiliti dal 2°comma, ovvero il criterio del percorso più breve per un più rapido accesso, in relazione al criterio del minor danno.

Ora, seppure Tizio abbia già una servitù di passaggio pedonale sul fondo B di Caio, potrebbe ugualmente aver diritto a servirsi del fondo C di Mevio per realizzare la strada carrabile di cui ha bisogno.

Ma ostano a ritenere plausibile tale orientamento alcune norme specifiche.

L'art.1o51 C.C., al terzo comma, stabilisce che ha diritto di passaggio coattivo chi, avendo un passaggio su fondo altrui abbia bisogno di ampliarlo per il transito di veicoli. Questa norma, cioè, non esclude la possibilità di ampliare una servitù di passaggio preesistente per adeguarla ad esigenze sopravvenute e può ben essere usata in favore di Mevio; mentre non può ugualmente essere usata in favore di Caio, nè di Tizio che pretende un passaggio attraverso il fondo di Mevio.

L'art.1o51, al quarto comma, esclude espressamente la possibilità di costituire servitù di passaggio coattive attraverso case, cortili, giardini, aie. Anche tale norma è scritta in favore di Mevio e certo non in favore della pretesa di Tizio. Infatti il fondo di Caio, seppure dovesse risultare, a seguito di accertamenti nelle stesse condizioni del fondo di Mevio, ovvero adibito a giardino, può e deve, comunque, sopportare l'ampliamento della già esistente servitù di passaggio in favore di Tizio.
Ciò anche tenendo conto della restrittiva interpretazione giurisprudenziale relativa all'esenzione.
Infatti la Corte di Cassazione precisa che, l'esenzione di cui all'art.1o51 ultimo comma è limitata al caso in cui, essendovi possibilità di scelta fra più fondi, almeno uno dei fondi non sia costituito da case o adibito a giardino, cortile, aie. Ma, nel caso in esame, a prescindere dalla natura del fondo di Caio, di cui non si è certi e potrebbe anche non rientrare nella esenzione, detto fondo B è comunque soggetto alla norma di cui al terzo comma dello stesso art.1o51, ovvero all'obbligo di consentire l'ampliamento della servitù preesistente per sopravvenute esigenze.
Tizio, può invocare a sostegno della propria tesi per realizzare una strada di accesso al proprio fondo attraverso il giardino di Mevio, il principio della maggior comodità stabilito dall'art.1o28 C.C., essendo il terreno di Caio in forte pendenza, o il principio dell'eccessivo dispendio o disagio, stabilito dall'art. 1o51, primo comma, nel realizzare l'opera nel terreno di Caio, non potendo servirsi del principio dell'accesso più breve, non essendo certo tale dato, che potrebbe anche rivelarsi in favore di Mevio.
Ma, nella comparazione degli opposti interessi, il passaggio attraverso il fondo di Mevio risulta la soluzione meno equa, in quanto, innanzitutto contrasta con l'espressa esenzione stabilita dall'art. 1o51, ultimo comma, sia pure con la restrittiva tendenza interpretativa, che comunque non può essere ritenuta contraria alla posizione di Mevio.
In secondo luogo non vi è alcuna norma che impedisca a Tizio di ampliare la preesistente servitù nel fondo di Caio, anzi ne è previsto espressamente il diritto.

Inoltre, in relazione al principio del minor danno, stabilito ex art.1o51, 2°comma, sembra ragionevole ritenere che l'ampliamento di una strada pedonale, da rendere carrabile, comporti un danno molto minore, anche in termini di indennità, lasciando intatto l'altro fondo, ovvero salvandone uno, che non la realizzazione ex novo di una strada nel terreno adibito a giardino, di Mevio.

A norma dell'art.1o68 C.C., terzo e ultimo comma, Tizio può chiedere che l'autorità giudiziaria disponga il trasferimento della servitù su fondo diverso, ma a tal uopo occorrerebbe il consenso di Mevio, che è ciò che manca.

La pretesa di Tizio non è obiettiva, ma a suo esclusivo vantaggio, tale che egli si troverebbe a beneficiare di due servitù, una nel fondo di Mevio ed una in quello di Caio, in quanto la servitù, sia pure venendo meno l'utilità della stessa, non si estingue se non per prescrizione, con venti anni consecutivi di non utilizzo effettivo o per confusione della proprietà del fondo dominante e servente.

Pertanto si consiglia a Mevio di resistere alle pretese di Tizio ed eventualmente difendersi in giudizio sulla linea di quanto esposto.

Voto 20 - Venti.

Corte di Appello di Roma - 19 dic. 90.
Tema N.2.
Titolo: Nel corso di un procedimento penale, Tizio, minore degli anni 18, interrogato durante lo svolgimento di un incidente probatorio e poi divenuto maggiorenne nella successiva udienza pubblica, ha affermato, entrambe le volte, di essere stato in compagnia di Caio, imputato di omicidio, in orario in cui Caio non poteva materialmente trovarsi nel luogo indicato da Tizio. Nelle more dell'udienza fissata per il giudizio di falsa testimonianza contestatagli Tizio chiede al proprio avvocato un parere sulla sua posizione. Il candidato assunte le vesti dell'avvocato rediga il parere richiesto soffermandosi sugli istituti e sulle problematiche sottese alla fattispecie.
Svolgimento.
Tizio è chiamato come testimone a deporre durante le indagini preliminari svolte da pubblico ministero al fine di iniziare l'azione penale a norma dell'art. 326 cpp per il reato di omicidio contro Caio. Nel corso di tali indagini il PM o l'indiziato, legittimati a ciò, hanno chiesto al giudice di procedere con incidente probatorio all'escussione di Tizio, a norma dell'art. 392 cpp, per uno dei casi previsti alle lettere a) e b) dell'articolo citato.
Nella prima udienza in cui Tizio è sentito come teste, egli è minore di anni 18 ed afferma una circostanza che non può assolutamente essere vera. Nella successiva udienza, Tizio è divenuto maggiorenne e ripete davanti al giudice la stessa circostanza.
Successivamente a ciò, Tizio viene imputato di falsa testimonianza.
A norma dell'art. 372 C.P., Tizio, se dovesse essere ritenuto colpevole del reato ascrittogli, rischia una pena da 6 mesi a 3 anni di reclusione, in quanto è punito con tale pena chi, deponendo come teste innanzi all'Autorità Giudiziaria affermi il falso o viceversa neghi il vero.
Per la sussistenza di tale reato è necessaria la qualifica di testimone, qualifica individuabile nella fase processuale in cui si versa, ovvero l'incidente probatorio che è stato instaurato allo scopo di sentire come teste Tizio, nel processo per omicidio intentato ai danni di Caio.

A norma dell'art. 378 C.P., Tizio potrebbe essere imputato per favoreggiamento personale, nel qual caso il P.M. all'udienza dovrebbe modificare l'imputazione, essendo competente lo stesso giudice, ovvero il Pretore ex art.7 cpp e procedere alla contestazione del nuovo reato ex art.516 cpp, per il quale Tizio rischierebbe, se riconosciuto colpevole, una pena fino a 4 anni di reclusione.
(Nel procedimento davanti al Tribunale di minori, idem, la modificazione dell'imputazione è contestata ugualmente nella stessa udienza essendo competente lo stesso giudice).
Per integrare gli estremi del favoreggiamento sono necessarie false informazioni o rifiuto di fornire notizie essenziali per la ricostruzione del fatto e il reato si consuma al momento stesso in cui l'evento si verifica, non essendo quindi prevista l'ipotesi di tentativo, che prevede una diminuzione della pena se l'evento non si compie.
Effettivamente Tizio corre il rischio di sentirsi trasformare l'imputazione in quella di favoreggiamento, a meno di non poter dimostrare che la sua volontà fosse diversa, ovvero non quella di sviare le indagini, bensì quella prevista dall'art.384 C.P..
Ma in caso di modificazione dell'imputazione l'udienza sarà rinviata per consentire la difesa e il caso verrà studiato in relazione alla nuova imputazione.
L'art.384 C.P. prevede la non punibilità per i casi in cui i fatti previsti sia dall'art.372 che dall'art.378 C.P. siano stati commessi per necessità personale, ovvero per salvarsi da un grave ed inevitabile pregiudizio nella libertà, in ciò sostenuto anche dal disposto dell'art. 198, 2°comma, cpp, secondo il quale il testimone non può essere obbligato a deporre su fatti dai quali potrebbe emergere una sua responsabilità. In effetti, però, Tizio sembra non essere coinvolto nel reato di omicidio di cui è imputato Caio, tanto che viene imputato per falsa testimonianza e soltanto su questa è chiamato a rispondere, non essendo emerse altre circostanze contro di lui che possano collegarlo al reato di omicidio, quindi soltanto dalla falsa testimonianza è tenuto a difendersi. Tizio non può più ritrattare le sue dichiarazioni a norma dell'art.376 C.P. e rendersi così non punibile,

perchè non più in tempo, essendo stato già rinviato in giudizio per falso.

In relazione alla minore età, Tizio risulta aver commesso due reati, uno di competenza del Tribunale dei minorenni, commesso all'epoca della sua minore età con la prima deposizione, un altro di competenza del Pretore. Essendo giudici diversi a giudicare su due azioni del medesimo reato, non è applicabile l'istituto della continuazione. L'ipotesi della continuazione è una circostanza prevista in favore dell'imputato allo scopo di considerare come unico il reato, per evitare l'applicazione delle norme sul concorso di reati e il relativo cumulo delle pene.

Ma il nuovo codice di procedura penale prevede l'applicazione della continuazione in sede di esecuzione delle sentenze.

Ovvero, ex art.665 cpp n.4, il giudice che ha emesso il provvedimento divenuto irrevocabile per ultimo, decide, in veste di giudice dell'esecuzione, a norma dell'art.663 cpp, su istanza di parte ed applica l'istituto della continuazione in favore del reo.

Pertanto Tizio, non potendo più ritrattare le sue dichiarazioni, deve presentarsi all'udienza fissata per rispondere del reato di falsa testimonianza e può chiedere l'applicazione dell'art.444 cpp, secondo il quale viene applicata la pena minima prevista di 6 mesi, diminuita di un terzo, ovvero 4 mesi di reclusione, con la sospensione condizionale se concedibile a Tizio, sempre se il P.M. acconsenta a tali richieste ed il Giudice non ricorra al suo potere di non accettare il c.d. patteggiamento, nei casi previsti ultimamente dalla corte Costituzionale.

Idem per entrambi i giudizi per i due reati.

Infine, chiedendo l'applicazione dell'istituto della continuazione, in sede di esecuzione, la pena stabilita per il reato considerato più grave, se dovessero aversi difformità, pur sempre appellabili o cassabili, verrà aumentata fino al triplo, purchè non superiore al cumulo delle pene.

Voto 25 - Venticinque.

Corte di Appello di Roma - 20 dic.90.
Tema n.1.
Titolo: Tizio, acquistato un villino in multiproprietà in provincia di Trento, per due settimane di dicembre, recatosi a trascorrervi le vacanze di natale, si avvede che il proprietario del fondo finitimo, con il presunto consenso del titolare del diritto di multiproprietà nel periodo estivo, ha edificato un ricovero per la propria automobile, invadendo per due metri il giardino del villino.
Tizio allora si reca dal proprio avvocato e fattogli presente di aver progettato di utilizzare quella parte del giardino per depositarvi della legna, gli chiede di sostenere le proprie ragioni davanti al giudice. Il candidato assunte le vesti dell'avvocato rediga l'atto giudiziario ritenuto più idoneo, soffermandosi sugli istituti e sulle problematiche sottese alla fattispecie.
Svolgimento.
    Tribunale Civile di Trento
       Atto di citazione
Il sig. Tizio, nato a Trento il 12.12.1912, residente in Trento, Via del Sole, n.20 ed elettivamente domiciliato in Trento, Via del Sole, n.24 presso l'avv. Cicerone che lo rappresenta e difende come da mandato in calce al presente atto, espone:
L'istante è proprietario di un villino nella provincia di Trento, sul quale immobile vige il vincolo della indivisibilità e della destinazione, essendo stato acquistato da Tizio in regime di multiproprietà, per cui ciascuno è esclusivo proprietario dell'immobile nel limitato periodo di tempo a lui spettante.
Il sig. Tizio ha diritto di godere del villino suddetto per due settimane nel mese di dicembre, ogni anno, avendone la piena proprietà per il periodo stabilito contrattualmente, sia in relazione al villino, sia in relazione alle sue pertinenze, ivi compreso l'intero giardino, come stabilito nell'atto pubblico di compravendita sottoscritto da Tizio, che si esibisce in copia autentica a riprova della titolarità del bene in oggetto.
Durante il periodo estivo, ovvero in assenza dell'attore e probabilmente con il consenso di altro titolare dello stesso

diritto di multiproprietà, limitato anch'esso alla disponibilità della sua sola quota, come stabilisce l'art.11o3, I°comma, Cod. Civile, il proprietario del fondo confinante ha invaso illegittimamente per due metri il giardino pertinente al villino de quo, per edificare un manufatto nel quale tenere la propria autovettura, costituendo in proprio favore un possesso senza titolo, ovvero spoglio nei confronti dei multiproprietari avendo sottratto parte della loro proprietà alla disponibilità degli stessi.

Nella fattispecie, il proprietario del fondo confinante ha agito illecitamente ai danni dei multiproprietari, in quanto il presunto consenso espressogli da uno dei titolari del diritto di multiproprietà, non era sufficiente, nè idoneo a permettergli di realizzare l'opera, invadendo il giardino del villino, ex artt.11o2 e 11o3 del Codice Civile.

Il consenso espresso da uno dei multiproprietari, infatti, non soltanto è lesivo del diritto degli altri partecipanti, ma è in violazione proprio delle norme surrichiamate, non risultando, pertanto, titolo idoneo al possesso, come richiede l'art.1153, 1°comma, C.C..

In tal modo, Tizio si trova a disporre del suo diritto in limiti inferiori a quanto stabilito nel contratto per la sua quota, essendo stata alterata illecitamente la destinazione della cosa comune mediante estensione del diritto di uno ai danni di altri ed essendogli stata, conseguentemente, sottratta illegittimamente parte della propria quota, consistente nel pieno godimento dell'intero bene.

Il sig. Caio, proprietario del fondo confinante, è quindi responsabile per aver cagionato danni a Tizio ed agli altri multiproprietari, poichè, pur essendo entrato nel possesso dell'appezzamento di terreno sul quale ha edificato il manufatto, non aveva alcun titolo idoneo a tale fine (art.1153 C.C.), essendo il presunto consenso di uno dei multiproprietari insufficiente ed illegittimo a costituire il detto titolo, come stabilito dal codice civile nella parte contenente le norme sulla comunione dei beni (Libro III, Titolo VII).

Pertanto   CITA

il sig. Caio, proprietario del fondo finitimo al villino in provincia di Trento, nel suo domicilio in Trento, Via della Luna,24;

a comparire all'udienza del 15 febbraio 1991, ore di rito, e lo invita a costituirsi in giudizio nei modi e termini di legge, con avvertenza che in difetto, non comparendo, si procederà in sua contumacia, per ivi sentire accogliere le seguenti

CONCLUSIONI

Voglia il Tribunale Civile di Trento, in accoglimento della domanda attrice, disattese le contrarie istanze e deduzioni:

1) dichiarare illegittima e priva di titolo idoneo la costruzione del manufatto adibito a ricovero dell'auto di Caio, realizzata nel giardino del villino in provincia di Trento, identificato al foglio x, particella y, della mappa catastale dell'Ufficio Tecnico Erariale di Trento;

2) Ordinare la demolizione del suddetto manufatto costruito da Caio senza titolo ed illecitamente, a spese dello stesso, responsabile di aver invaso l'altrui proprietà e di lasciare libero da persone e cose la suddetta porzione di terreno facente parte del villino come sopra identificato;

3) Condannare il responsabile al risarcimento del danno prodotto nei confronti di Tizio nella misura che sarà determinata, o secondo equità, tenuto conto del valore dell'immobile;

4) Condannare il soccombente al pagamento delle spese di giudizio, diritti e onorari di avvocato, da distrarsi a favore dell'avv.Cicero, antistatario;

5) Munire la sentenza di clausola di provvisoria esecutorietà.

Si chiederà interrogatorio formale del convenuto sui fatti di cui in narrativa e prova testimoniale, all'esito.

Si allegano i seguenti documenti, con riserva di produrne altri: copia autentica dell'atto di compravendita stipulato da Tizio; copia autentica dell'atto di trascrizione alla Conservatoria dei RR.II. di Trento; copia della mappa catastale; fotografie dell'opera realizzata.

Roma, 2o dicembre 1990

Avv. Cicero

Delego a rappresentarmi e difendermi nella presente procedura l'avv.M.T.Cicerone ed eleggo domicilio presso di

lui in Trento, Via del Sole,24, con tutte le facoltà di legge.
F.to Tizio   La firma è autentica. Cicerone.
Relata di notifica: Ad istanza dell'avv. Cicerone io sottoscritto Aiutante Ufficiale Giudiziario addetto all'Ufficio Unico della Corte di Appello di Trento, ho notificato in data odierna copia del presente atto al sig.Caio, nel suo domicilio in Trento, Via della Luna,24.
Voto 25 - Venticinque.

CORTE DI APPELLO DI ROMA
COMMISSIONE ESAMI PROCURATORE LEGALE

1259

17 DIC. 1991

[firma] Antonelli

Tema N° 2

Nella redazione del parere richiesto, si deve procedere all'esame delle seguenti problematiche:

L'autovettura che ha causato il danno del quale viene richiesto il risarcimento alla società Alfa, è assicurata con regolare contratto presso la medesima società. In virtù di tale contratto e secondo il disposto dell' art. 18 della legge n. 990/69, chi è danneggiato da un veicolo può agire direttamente nei confronti dell'assicurazione per il risarcimento.

Tizio, che ha subito il danno alla sua auto, ha richiesto il risarcimento all'assicurazione Alfa, con lettera raccomandata A.R., secondo quanto disposto dall'art. 22 della citata legge n. 990/69.

Caio è responsabile esclusivo dell'incidente poiché egli stesso ha provocato la collisione per sua imprudenza.

Il proprietario del veicolo condotto da Caio è responsabile solidale con il conducente, non avendo circolato il veicolo, al momento dell'urto, contro la sua volontà, ex art. 2054, 3° comma, Cod. civ., e di conseguenza la società Alfa può essere chiamata a risarcire, in quanto obbligata solidalmente con il proprietario in virtù di contratto di assicurazione.

Le suddette circostanze sono in favore di Tizio che ha richiesto il risarcimento per il danno subito.

L'assicurazione, per poter escludere la propria responsabilità a risarcire il danno, o, almeno, per vederla diminuire, può ricorrere a quanto disposto dagli artt. 1900 e 2049 del Codice Civile.

L'incidente è stato provocato da Caio per sua "inescusabile imprudenza". L'art. 1900 C.C. esclude l'obbligo dell'assicuratore per i danni provocati da dolo o colpa parte del contraente, dell'assicurato o del beneficiario. Nel caso in esame, Caio potrebbe essere ritenuto responsabile in proprio, se

Terzo anno.
Corte di Appello di Roma - 17 dic.1991.
Tema N.2.
Titolo: Tizio è titolare di un'autoscuola ed abitualmente mette a disposizione, per lo svolgimento dell'esame pratico di guida, un'autovettura di sua proprietà. Il giorno fissato per l'esame sull'autovettura di Tizio prendono posto uno dei candidati ed il funzionario esaminatore ed essi sono seguiti da un'autovettura, condotta da Caio, dipendente di Tizio, con a bordo altri candidati. L'automezzo in questione è di proprietà del padre di uno degli esaminandi. Improvvisamente, per un'inescusabile imprudenza di Caio, l'autovettura da lui condotta va a collidere violentemente contro quella di Tizio danneggiandola gravemente. Nel sinistro non si verificano danni alle persone e Tizio, ai sensi dell'art.22 della legge 24 dicembre 1969 n.99o, richiede il risarcimento del danno alla società Alfa titolare del rapporto assicurativo avente ad oggetto l'automezzo condotto da Caio. La società Alfa, pertanto, si rivolge al proprio legale di fiducia per tutelare le proprie ragioni. Il candidato, assunte le vesti del professionista, premessi i cenni sugli istituti che possono trovare applicazione sulla fattispecie in questione, provveda alla redazione di un motivato parere in ordine alla vicenda.
Svolgimento.
Nella redazione del parere richiesto, si deve procedere all'esame delle seguenti problematiche:
L'autovettura che ha causato il danno del quale viene richiesto il risarcimento alla società Alfa, èassicurata con regolare contratto presso la suddetta società. In virtù di tale contratto e secondo il disposto dell'art.18 della legge n.99o/69, chi è danneggiato da un veicolo può agire direttamente nei confronti dell'assicuratore per il risarcimento.
Tizio, che ha subito il danno alla sua auto, ha richiesto il risarcimento all'assicurazione Alfa, con lettera raccomandata r.r., secondo quanto stabilito dall'art.22 della citata legge n.99o/69.
Caio è responsabile esclusivo dell'incidente poichè egli stesso ha provocato la collisione per sua imprudenza.

Il proprietario del veicolo condotto da Caio è responsabile solidale con il conducente, non avendo circolato il veicolo, al momento dell'urto, contro la sua volontà, ex art.2o54, 3°comma, cod. Civ. e di conseguenza la società Alfa può essere chiamata a risarcire, in quanto obbligata solidalmente con il proprietario in virtù di contratto di assicurazione.
Le suddette circostanze sono in favore di Tizio che ha richiesto il risarcimento per il danno subito.
L'assicuratore, per poter escludere la propria responsabilità a risarcire il danno, o, almeno, per vederla diminuire, può ricorrere a quanto disposto dagli artt.19oo e 2o49 del Codice civile.
L'incidente è stato provocato da Caio per sua "inescusabile imprudenza".
L'art.19oo C.C. esclude l'obbligo dell'assicuratore per i danni provocati da dolo o colpa grave del contraente, dell'assicurato o del beneficiario. Nel caso in esame, Caio potrebbe essere ritenuto responsabile in proprio, se l'inescusabile imprudenza fosse riconosciuta quale caso di colpa grave. Ma l'onere di provare tale circostanza ricade sull'assicuratore che dovrà dimostrare che l'evento, così come si è verificato, è tale da escludere la garanzia assicurativa.
Caio, inoltre, agiva in qualità di dipendente di Tizio. Ai sensi dell'art..2o49 C.C., i committenti sono responsabili per i danni arrecati dai loro commessi nell'esercizio delle incombenze cui sono adibiti. Caio, nel caso in esame, svolgeva una mansione per conto di Tizio, nel trasportare alcuni esaminandi clienti dell'autoscuola di Tizio stesso.
In tal caso, onere dell'assicuratore sarà quello di dimostrare l'esistenza del "nesso di occasionalità necessaria" fra il danno causato e il rapporto che lega Caio a Tizio, per sostenere la responsabilità indiretta del datore di lavoro, nel senso che le mansioni affidate a Caio hanno reso possibile o, anche, agevolato la produzione del danno.
In base a tali considerazioni, il legale della società Alfa, potrà decidere di resistere alle richieste di risarcimento di Tizio e sostenere le proprie ragioni in giudizio. Ovvero nella comparsa di risposta all'eventuale atto di citazione di Tizio,

potrà esporre le sue eccezioni al richiesto risarcimento, sia in fatto che in diritto, rispettivamente ex art.19oo e ex art..2o49 Cod. Civ., e chiedere di poter dimostrare che, in primo luogo, la responsabilità del sinistro ricada sul conducente dell'auto, il quale dovrà rispondere in proprio dei danni da lui prodotti, essendo stato provocato l'evento dannoso per sua colpa grave, caso in cui viene esclusa la garanzia dell'assicuratore, ex art.19oo C.C.. A tal proposito, potrà depositare l'eventuale verbale della polizia stradale, potrà chiedere l'interrogatorio di Caio e la testimonianza dei presenti al fatto

Infine, più semplicemente, potrà sostenere la tesi della responsabilità indiretta dello stesso Tizio, in quanto datore di lavoro di Caio, il quale ultimo agiva per conto del primo, dimostrando l'esistenza di tale rapporto di lavoro, nesso necessario al verificarsi dell'evento dannoso. In tal caso, venendosi a sovrapporre nella stessa persona le due figure di danneggiato e danneggiante, verrebbe naturalmente escluso l'obbligo al risarcimento per la società Alfa.

Il giudice eventualmente adito, deciderà.

Voto 20 - Venti.

Corte di Appello di Roma - 18 dic.91.
Tema N.2.
Titolo: Tizio, artigiano falegname ha il proprio laboratorio in un locale sito al piano terreno di un fabbricato di civile abitazione.
I condomini dello stesso stabile fanno recapitare a Tizio una diffida a non fare uso di materiali tossici per la lucidatura e la laccatura del legno, in quanto l'utilizzo di tali prodotti ha provocato irritazioni agli occhi ed alle prime vie aeree dei condomini del primo piano. Il candidato rediga, su richiesta di Tizio, un motivato parere circa le conseguenze di carattere penale nelle quali Tizio potrebbe incorrere ove ignorasse la diffida nel caso di denuncia da parte dei condomini che hanno patito le lamentate conseguenze dell'uso dei materiali tossici.
Svolgimento.
L'uso dei materiali tossici, da parte di Tizio, che provocheranno irritazioni e danni o pericolo per la salute di alcuni condomini dell'edificio in cui è sito il laboratorio artigiano di Tizio, è attività che rientra nelle previsioni della normativa speciale sull'inquinamento, regolata dal DPR 10.9.1982 n.915, Attuazione della direttiva CEE, che tutela la salute, l'incolumità, il benessere e la sicurezza della collettività e dei singoli, per cui deve esserne evitato ogni danno o pericolo, come stabilito dall'art.1 dello stesso DPR.
Inoltre, l'art.9 del citato DPR n.915/82 stabilisce il divieto di abbandono dei rifiuti in aree pubbliche o private adibite ad uso pubblico. E il successivo art.24 sancisce le relative sanzioni per i trasgressori del suddetto divieto.
Evidentemente l'attività di Tizio comporta una dispersione di residui tossici e nocivi, classificati come tali dall'art.2, 3°comma, del DPR n.915/82, che provocano gravi lesioni personali colpose alla salute di alcuni condomini.
La diffida che Tizio ha ricevuto è un'intimazione che impone un obbligo di adempiere e ne stabilisce il termine -immediatamente- che non è previsto in altro modo. Nel caso in esame, tale diffida non era necessaria ai fini del risarcimento del danno ex art.2o43 C.C., in quanto l'obbligo deriva da un fatto illecito (art.1219, 2øcomma, n.1, C.C.),

mentre è necessaria ai fini dell'applicazione dell'art.83 C.P., 2° comma, con le implicazioni conseguenti.
In caso di denuncia da parte dei condomini, Tizio andrebbe ad incorrere nelle seguenti conseguenze di carattere penale:
A norma dell'art.24 DPR n.915/82, Tizio è punibile con la pena dell'arresto fino a sei mesi o con l'ammenda da L.2oo.ooo a 5.000.000, trattandosi di contravvenzione al divieto di abbandono di rifiuti tossici e nocivi.
Ma, in conseguenza di tale reato, il comportamento di Tizio provoca anche lesioni personali ad alcuni condomini. Perciò egli è soggetto all'ulteriore pena prevista dall'art.59o C.P., così come stabilito dall'art.586 C.P..
Inoltre, essendo stato Tizio diffidato e, così, essendo a conoscenza del danno che la sua attività produce, in caso di condanna egli potrebbe non beneficiare dell'attenuante prevista dall'art.83 C.P., 1°comma, con conseguente applicazione delle regole sul concorso di reati con pene detentive di diversa specie, che, a norma dell'art.74 C.P., prevedono l'applicazione di tutte le pene detentive per intero.
È probabile che il perpetuarsi dell'attività nociva possa far rientrare il detto reato nella previsione di cui all'art.59o, 2°comma, C.P., con l'effetto di far lievitare la pena massima prevista fino a un massimo di sei mesi di reclusione, la quale pena verrebbe ancora aumentata fino al triplo, essendo state le lesioni inferte a più persone, come stabilisce il 4°comma dello stesso art.59o C.P..
Sembra invece potersi escludere la circostanza aggravante di cui all'art.583, non essendosi ancora verificati gli eventi ivi previsti. Altrimenti, il processo sarebbe di competenza del Tribunale Penale, essendo prevista una pena massima di 7 anni, secondo il combinato disposto degli artt.6 e 7 cpp.
Pertanto, Tizio, se non dovesse tener conto della diffida ricevuta dai condomini e venisse denunciato dagli stessi, si troverebbe a dover subire un processo penale di competenza del Pretore, secondo quanto previsto dall'art.7 cpp, con l'imputazione di gravi lesioni personali colpose a più persone a seguito di contravvenzione al divieto di abbandono di rifiuti tossici.

In relazione a tale imputazione, Tizio potrebbe venir condannato ad una pena che va da tre mesi a 18 mesi di reclusione, per il reato previsto dall'art.59o, 2° e 4° comma, C.P., oltre alla pena di arresto fino a sei mesi, per il reato previsto dall'art.24, DPR n.915/82.
Tizio potrebbe avere diritto ai benefici della sospensione condizionale, della non menzione, ecc, e potrebbe usufruire delle riduzioni di pena previste dal giudizio abbreviato (art.438 cpp) o dal c.d. patteggiamento (art.444 cpp). Ma, nel caso in esame, si consiglia a Tizio di sospendere la sua attività nella parte che produce danni o pericoli alla salute dei condomini, o di adottare le misure necessarie a tale scopo.
Voto 30 - Trenta.

Corte di Appello di Roma - 19 dic.91.
Tema N.1.
Titolo: Il fondo corneliano di proprietà di Tizio, sito nei pressi di Milano, destinato ad essere attraversato da una nuova strada statale, viene parzialmente espropriato, con fissazione di termine per il compimento dell'opera in due anni. Nel corso della costruzione, nel tratto in questione viene progettato l'inserimento di due svincoli, per la realizzazione dei quali il cantiere viene esteso anche alla residua porzione del fondo corneliano, già coltivato intensivamente. Protrattisi tuttavia i lavori per tre anni, per difficoltà dovute ad iniziali ritrovamenti archeologici, Tizio si reca in loco con il proprio legale e prende atto che mentre il tracciato della strada è completo, la realizzazione di uno svincolo è in fase di ultimazione e invece i lavori per la realizzazione dell'altro sono ancora alla fase iniziale. A tal punto Tizio invita il proprio legale a tutelare i sui interessi che assume lesi dall'attività dell'amministrazione. Il candidato, assunte le vesti del legale, rediga l'atto più idoneo nell'interesse del proprio assistito, soffermandosi sugli istituti e sulle problematiche connesse alla fattispecie.
Svolgimento.

   Tribunale Civile di Milano
     Atto di citazione

Il sig. Tizio, residente in Milano ed elettivamente domiciliato in Milano presso lo studio dell'avv. Mario Rossi dal quale è rappresentato e difeso come da mandato in calce al presente atto, espone quanto segue:
1) Il fondo corneliano di Tizio è stato parzialmente espropriato per la costruzione di una nuova strada statale, per la realizzazione della quale è stato stabilito un termine di due anni, a norma dell'art.3, L.25.6.1865, n.2959.
2) Nel corso dei lavori è stato progettato l'inserimento di due svincoli per i quali si è resa necessaria l'estensione del cantiere anche alla residua porzione del fondo di Tizio.
A norma dell'art.34, RD.8.2.1923, n.422, possono essere compresi nell'espropriazione anche i terreni attigui, se tale occupazione è stata prevista nell'atto di espropriazione o se è concessa successivamente dall'autorità competente con decreto ministeriale.

Nel caso in esame, non vi è alcun elemento che faccia ritenere legittima l'occupazione della residua porzione di terreno, in quanto si parla soltanto dell'esistenza di un progetto relativo a tale scopo, senza alcun cenno alla legittimità dello stesso e quindi alla sua approvazione, tanto che Tizio ha provveduto alla coltivazione della suddetta porzione del suo terreno, sapendolo non espropriato.
3) Trascorsi tre anni dall'inizio dei lavori, Tizio, recatosi sul posto, ha constatato l'ulteriore occupazione della residua porzione di terreno e altresì che i lavori stessi non erano stati ancora ultimati.
4) la realizzazione dei due svincoli, per i quali non c'è stata espropriazione legittima, ma spoglio clandestino, risulta ancora incompleta per l'uno e ferma alla fase iniziale per l'altro dei suddetti svincoli, e in entrambi i casi il terreno è stato occupato abusivamente, non essendoci alcun procedimento emesso dalla pubblica amministrazione.
Essendo ragionevole ritenere che il termine di fine lavori fissato per due anni sia stato prorogato ex art.13, 2°comma, L.25.6.1865, n.2959, per l'intervenuto ritrovamento di reperti archeologici (art.82 DPR 24.7.1977, n.616), la stessa proroga, a norma dell'art.14, legge citata, n.2959/1865, poteva venir concessa per un ulteriore termine non superiore agli 8 mesi, ovvero un terzo del termine originariamente concesso, per cui si ritiene che i lavori relativi all'espropriazione legittima siano stati ultimati in tempo e non ci si duole di questo.
Per quanto riguarda il residuo terreno non sottoposto a regolare espropriazione, Tizio ha evidentemente subito uno spoglio del quale è appena venuto a conoscenza, recandosi in loco e per il quale si chiede la reintegrazione, essendosi trattato di spoglio clandestino, a norma dell'art.1168, 3°comma, C.C..
Pertanto   CITA
1) Il Ministero dei Lavori Pubblici, in persona del Ministro p.t., con sede in Roma, presso l'avvocatura Generale dello Stato, nella sua sede in Roma, Via dei Portoghesi.
2) L'ANAS, in persona del legale rappresentante p.t.. nella sua sede dipartimentale di Milano;

a comparire davanti al Tribunale Civile di Milano, nella sua nota sede, Sezione e G.I. designandi, all'udienza che il G.I. designato della designanda sezione terrà il giorno 30 marzo 1992, ore di rito e li invita a costituirsi nei modi e termini di legge, con avvertenza che in difetto si procederà in loro contumacia, per ivi sentire accogliere le seguenti conclusioni: Voglia il Tribunale di Milano, in accoglimento della domanda:

a) Ordinare la demolizione delle opere eseguite sulla residua porzione del terreno di Tizio, in quanto non autorizzate e quindi abusivamente intraprese dall'amministrazione che ha compiuto uno spoglio clandestino ai danni dell'attore, il quale ne è venuto a conoscenza soltanto ora, così come prevede l'art.1168, 1° e 4° comma del Codice Civile e conseguentemente ordinare la reintegrazione del possesso del terreno stesso in favore di Tizio, proprietario.

b) condannare i convenuti in solido al risarcimento del danno causato dallo spoglio clandestino, nella misura che sarà determinata o secondo equità, non essendo stato possibile per Tizio l'utilizzo del suo terreno adibito a coltivazione, fonte primaria del suo reddito.

c) condannare i soccombenti in solido alle spese, diritti ed onorari di avvocato del presente giudizio;

d) munire la sentenza di clausola di provvisoria esecuzione.

Con riserva di produrre documenti. Si chiederà prova testimoniale sui capitoli indicati ai nn.1,2,3,4 della narrativa.

Milano, 19.12.1991

   (avv. Mario Rossi)

Delego a rappresentarmi e difendermi in questa procedura l'avv.Mario Rossi ed eleggo domicilio presso il suo studio in Milano, Via Roma, 1.

   F.to Tizio.

Voto 20 - Venti.

 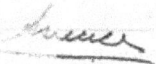

1553

Svolgimento N° 1

Gli istituti che trovano applicazione nel caso in esame e che sono stati presi in considerazione, riguardano il diritto di usufrutto e il contratto di locazione.

L'usufrutto è un diritto reale di godimento che si acquista generalmente per via legale, nel caso dei genitori esercenti la potestà sui figli minori che hanno l'usufrutto dei beni di questi, ex art. 324 del codice civile. Il nuovo diritto di famiglia che ha previsto la successione del coniuge a una quota dell'eredità, ha eliminato il diritto di usufrutto che prima era previsto in favore del coniuge superstite sulla casa coniugale.

L'usufrutto si acquista, altresì, per contratto, ovvero con atto scritto, atto pubblico o scrittura privata, che costituisce, trasferisce o modifica il diritto di usufrutto. Altro modo di acquisto è il testamento. Il contratto o il testamento che dispongono sul diritto di usufrutto di beni immobili, sono soggetti all'obbligo della trascrizione presso gli uffici delle Conservatorie dei Registri Immobiliari.

Infine, il diritto di usufrutto si può acquistare per usucapione, secondo quanto dispone l'art. 1158 c.c., ovvero con il possesso continuato e ininterrotto del bene, per venti anni, con l'intento di possedere il bene a quel titolo (animus).

L'usufruttuario, titolare del diritto di usufrutto, può godere liberamente del bene e conseguirne la relativa utilità, con la sola limitazione del rispetto della destinazione economica del bene stesso e l'attenzione e la diligenza prevista dal principio del buon padre di famiglia.

L'usufrutto è un diritto reale temporaneo e, nel caso in cui non sia stabilito il termine di durata, questo rimane valido per l'intera vita dell'usufruttuario. La morte dell'usufruttuario, invece, estingue il diritto anche se questo era

Quarto anno.
Corte di Appello di Roma - 15 dic.1992.
Tema N.1.
Titolo: Tizio è usufruttuario, vita natural durante, di un appartamento del quale la nuda proprietà appartiene a Caio. Il bene, peraltro, è goduto dallo stesso Caio in forza di un contratto di locazione stipulato con Tizio. Dovendosi effettuare delle riparazioni straordinarie sull'immobile, sorge contrasto tra i predetti circa la spettanza delle spese.
Il candidato, assunte le ragioni di Tizio, rediga un parere, soffermandosi sugli istituti che possono trovare applicazione nella fattispecie in esame e delineando l'eventuale più opportuna linea difensionale.
Svolgimento.
Gli istituti che trovano applicazione nel caso in esame e che vanno tenuti in considerazione, riguardano il diritto di usufrutto e il contratto di locazione.
L'usufrutto è un diritto reale di godimento che si acquista generalmente per via legale, nel caso dei genitori esercenti la potestà sui figli minori che hanno l'usufrutto dei beni di questi, ex art.324 del codice civile. Il nuovo diritto di famiglia che ha previsto la successione del coniuge a una quota dell'eredità, ha eliminato il diritto di usufrutto che prima era previsto in favore del coniuge superstite sulla casa coniugale.
L'usufrutto si acquista, altresì, per contratto, ovvero con atto scritto, atto pubblico o scrittura privata, che costituisce, trasferisce o modifica il diritto di usufrutto. Altro modo di acquisto è il testamento. Il contratto o il testamento che dispongono sul diritto di usufrutto di beni immobili, sono soggetti all'obbligo della trascrizione presso gli uffici della Conservatoria dei Registri Immobiliari.
Infine, il diritto di usufrutto si può acquistare per usucapione, secondo quanto dispone l'art.1158 C.C., ovvero con il possesso continuato e ininterrotto del bene, per venti anni, con l'intento di possedere il bene a quel titolo (animus).
L'usufruttuario, titolare del diritto di usufrutto, può godere pienamente del bene e conseguirne le relative utilità, con la sola limitazione del rispetto della destinazione economica

del bene stesso e l'attenzione e la diligenza prevista dal principio del buon padre di famiglia.

L'usufrutto è un diritto reale temporaneo e, nel caso in cui non sia stabilito il termine di durata, questo rimane valido per l'intera vita dell'usufruttuario. La morte dell'usufruttuario, invece, estingue il diritto anche se questo era previsto per una durata superiore.

L'usufrutto, quindi, si estingue, oltre che per morte dell'usufruttuario, per scadenza del termine previsto. Inoltre si estingue per prescrizione, ovvero nel caso in cui il diritto non sia utilizzato per venti anni; per totale perimento o distruzione del bene e, infine, per consolidazione, ovvero quando l'usufruttuario e il nudo proprietario vengono a essere la stessa persona.

Al termine del diritto, il bene deve essere restituito e i miglioramenti apportati saranno indennizzati da parte del nudo proprietario.

Il proprietario, non avendo più il possesso della cosa, nè il godimento della stessa, nè alcuna utilità economica derivante dal bene, resta titolare della sola nuda proprietà, ovvero è proprietario del bene, ma non può goderne.

Altro istituto da analizzare è quello della locazione.

La locazione è un contratto a termine regolato dal codice civile e segue le norme sui contratti. Le locazioni di immobili, invece, sono regolate anche da leggi speciali. È, più precisamente, un rapporto personale e obbligatorio. Il carattere dell'obbligatorietà deriva dalla dicitura dell'art.1571 del Codice civile. Una parte si obbliga a far godere ad un'altra un bene, mobile o immobile, per un certo tempo, dietro un corrispettivo. Per questo la locazione non attribuisce alcun diritto reale al conduttore, secondo la dottrina dominante.

Se oggetto della locazione è un bene produttivo o un'azienda, si rientra nell'ambito del contratto di affitto, che invece è termine più comune.

È possibile la cessione del contratto di locazione con il consenso del locatore, mentre nel caso dell'usufrutto è possibile la cessione del diritto, ma deve essere notificata al proprietario, per avere efficacia e validità.

La sublocazione, invece, è un contratto di locazione derivato, stipulato fra il conduttore e un terzo. Il contratto di locazione originario non subisce alcuna deroga, anche se il contratto di sublocazione può avere delle caratteristiche diverse dal primo.
Nei casi di contratti di locazione ultranovennale è stabilito l'obbligo della trascrizione dell'atto.
L'estinzione della locazione avviene per scadenza del termine o per intervento della disdetta, che è un atto unilaterale ricettizio, con il quale una parte comunica all'altra la propria volontà di recedere prima della scadenza legale. Tale facoltà è prevista soltanto nel caso in cui non sia stato stabilito il termine dalle parti, ovvero in caso di locazione a tempo indeterminato. In mancanza di disdetta, allo scadere del termine legale, il contratto si intende rinnovato.
Infine, la locazione non si estingue per alienazione del bene, se la stessa locazione ha una data certa anteriore alla stessa alienazione.
Nel caso in esame, i due istituti dell'usufrutto e della locazione si intrecciano tra loro. Caio, nudo proprietario (di un bene) goduto in usufrutto da Tizio, è anche conduttore dello stesso bene in virtù di contratto di locazione, stipulato ex art.999 C.C.., che lo prevede.
Caio, in qualità di conduttore ha diritto di chiedere a Tizio di sostenere le spese di riparazione straordinaria sull'immobile, essendo tenuto alle sole spese di manutenzione ordinaria (art.1576 C.C.).
Allo stesso tempo, Tizio, in qualità di usufruttuario non è obbligato alla manutenzione straordinaria del bene oggetto di usufrutto, le cui spese ricadono sul nudo proprietario, ex art.1oo5 C.C., salvo rimanere a carico dell'usufruttuario il pagamento dell'interesse legale sulle somme spese, per tutta la durata dell'usufrutto.
Si ritiene che le spese straordinarie siano a carico di Caio, in quanto nudo proprietario dell'appartamento.
Il rapporto di usufrutto, infatti, è dominante, essendo la locazione senz'altro posteriore, in quanto prima dell'usufrutto, Caio era pieno proprietario. Se conduttore fosse stato un terzo, questi avrebbe richiesto le spese

straordinarie al locatore. Ma il locatore-usufruttuario si sarebbe rivolto, a ragione, al nudo proprietario. In effetti, il contratto di locazione stipulato dall'usufruttuario, non deroga ai rapporti intercorrenti fra usufruttuario e nudo proprietario. Inoltre, l'art.1006 C.C. prevede che l'usufruttuario esegua i lavori a proprie spese, se il proprietario rifiuti di provvedere, avendo diritto al rimborso, senza interessi questa volta, a fine usufrutto. Anche nel caso in esame Tizio potrà ricorrere a tale suo diritto. Non vi è alcuna deroga a quanto stabilito dall'art.1005 C.C., nè può esservi una deroga a tale norma nel contratto di locazione.

Si conclude per la seguente ipotesi: Caio è obbligato alle spese straordinarie in qualità di nudo proprietario, essendo il rapporto di usufrutto dominante e anteriore rispetto alla locazione. Tizio sarà obbligato al versamento degli interessi legali sulla somma spesa, per l'intera durata dell'usufrutto.

Altrimenti Tizio provvederà a sue spese, salvo il rimborso a fine usufrutto, esclusi gli interessi, a suo carico.

Ancora, Tizio, non avendo interesse ad intervenire ugualmente, essendo lo stesso Caio a godere del bene e ad essere obbligato alle riparazioni straordinarie in quanto nudo proprietario, può lasciare che sia Caio a prendere l'iniziativa e difendersi, poi, secondo la tesi esposta.

Generico ed insufficiente sul punto fondamentale.
Voto: Venticinque.

Corte di Appello di Roma - 16 dic.92.
Tema N.2.
Titolo: Tizio, conosciutissimo uomo d'affari, in occasione del XVIII° compleanno della propria figlia, organizza una festa che si svolge nel parco, recintato da un alto muro, della propria villa. Alla festa intervengono note personalità che, dato il clima conviviale, indulgono in atteggiamenti non consoni al loro status socioprofessionale. Successivamente compaiono su alcuni rotocalchi numerose fotografie della festa, che erano state scattate da un operatore indipendente il quale, munito di idonea apparecchiatura, si era appostato su di un albero del giardino confinante con il parco della villa di Tizio. Alcuni dei personaggi ritratti nelle fotografie si rivolgono ad un avvocato chiedendo un parere circa la possibilità di ottenere tutela in sede penale.
Il candidato rediga il parere, soffermandosi sulle figure di reato che potrebbero essere contestate all'autore delle riprese fotografiche ed ai direttori delle testate che avevano pubblicato le fotografie stesse.
Svolgimento.
Il reato per il quale riteniamo possa essere formulata la querela da parte delle persone offese dalla pubblicazione delle fotografie, contro l'autore delle stesse e i direttori delle testate che le hanno diffuse, è quello previsto dall'art.615 bis del codice penale: interferenze illecite nella vita privata. L'articolo suddetto regola espressamente il caso in esame, ai commi 1 e 2.
Infatti, il fotografo, appostato su un albero del giardino confinante la villa, si è procurato indebite immagini relative alla vita privata dei partecipanti alla festa, organizzata in luogo privato, recintato da un alto muro.
La presenza dell'alto muro rappresenta proprio la circostanza univoca e concreta della volontà di escludere altri dalle vicende che accadono nel proprio domicilio. È una tacita manifestazione dell'esercizio dello ius prohibendi, che è stato senz'altro violato dal fotografo e successivamente dai direttori delle testate giornalistiche che hanno pubblicato le immagini, ottenute in modo illecito.
Per tale reato è prevista la procedibilità a querela e di tale diritto non è titolare soltanto il proprietario del luogo ove il

fatto è avvenuto, ma ogni persona che è stata offesa in quel frangente. La querela è un atto che può dar luogo all'esercizio dell'azione penale, ove vengano ravvisati gli estremi del reato, secondo quanto disposto dagli artt.120 C.P. e 50 c.p.p..

Il reato di violazione di domicilio si ritiene da escludere, in quanto non vi è stata introduzione nell'altrui abitazione e il caso in questione, infatti, è regolato espressamente dall'art.615 C.P..

Per quanto riguarda, invece, il reato di diffamazione a mezzo stampa, previsto dall'art.595 C.P., si nutrono dubbi sulla sua sussistenza. Da un lato, infatti, potrebbe essere ravvisabile, dal punto di vista dell'elemento psicologico, ovvero dell'animus diffamandi, che pure sarebbe non facilmente dimostrabile In base ai principi generali del dolo, l'atto costituisce un pericolo di offesa per la reputazione altrui. Ma, al contempo, il fatto può rientrare nell'esimente del diritto di cronaca, dato che le vicende private delle personalità note interessano i lettori delle riviste e i cittadini in genere. E, anche se non può sostenersi un effettivo interesse pubblico alla conoscenza di tali fatti, esiste comunque un interesse relativo alla vita di tali persone, che rientra nel diritto di cronaca.

La notizia pubblicata, inoltre, è effettivamente vera, essendo basata su fotografie e non su fotomontaggi.

Ma la questione è controversa e sarà regolata più specificamente da una futura legislazione in merito. In base alle attuali norme, non si intravedono i presupposti di tale reato.

Si esclude, quindi, in base a quanto esposto, il concorso dei reati e le norme che regolano tale istituto. In particolare, il reato di diffamazione a mezzo stampa sarebbe da imputare a carico dei direttori dei giornali, e il fotografo, quale concorrente nel medesimo reato, in base alle norme sul concorso di persona, vedrebbe applicarsi contro la pena prevista per entrambi i reati, non superiore comunque al quintuplo della più grave, ex art.73 C.P. e 78 C.P.. Stessa sorte per i direttori delle riviste. Ma lo escludiamo.

Riteniamo, inoltre, che non possa trovare applicazione neanche l'istituto che regola il concorso di persone nel reato, come previsto dagli artt.11o e ss. C.P..
In effetti, fra i direttori delle testate e il fotografo quale operatore indipendente, non vi è connivenza, ovvero non vi è partecipazione materiale al fatto, nè decisione o preparazione del reato, nè fornitura di mezzi idonei a commettere il reato, nè preventiva promessa di acquisto del prodotto, essendo il fotografo un operatore indipendente.
Per aversi concorso di persone occorre un apporto che rappresenti almeno un rafforzamento della volontà criminosa dell'agente o un aiuto all'attività di questo, se non altro con informazioni o consigli. E tali elementi non sembrano sussistere nel caso in esame, data l'indipendenza del fotografo.
Sono due reati diversi, commessi in due momenti diversi e previsti espressamente da due norme, anche se contenute nello stesso articolo. Ed è prevista la stessa pena, senza alcuna maggiorazione, a meno che il fatto della pubblicazione non costituisca un reato più grave, quale non è appunto quello della diffamazione a mezzo stampa, che prevede una pena non superiore nel massimo a tre anni di reclusione.
Pertanto si ritiene che le persone offese dalla pubblicazione delle foto ottenute in modo illecito, possano sporgere querela nei confronti del fotografo e dei direttori delle riviste che le hanno diffuse, per il solo reato di interferenze illecite nella vita privata, il quale prevede una pena affatto lieve: la reclusione da sei mesi a 4 anni.
Nella stessa querela, essi chiederanno il sequestro delle riviste incriminate e il conseguente ritiro da tutte le rivendite pubbliche. In seguito alla eventuale condanna dei responsabili, gli offesi potranno agire in sede civile per la quantificazione in termini economici del danno subito e la loro piena soddisfazione.
Molto erroneo.
Voto: Venticinque.

Corte di Appello di Roma - 17 dic.1992
Tema N.2.
Titolo: Tizio, residente a Roma, con scrittura privata del 15.1.91, promette in vendita a Caio, residente in Milano, per il prezzo di 2 miliardi di lire, l'antico palazzetto sito nel centro del comune di Zeta. Convengono le parti che il rogito definitivo venga stipulato il 19 settembre dello stesso anno. A questa data, peraltro, Caio non compare innanzi al notaio designato nell'atto preliminare. Tizio, chiedendo ragione del comportamento di Caio, riceve da quest'ultimo una lettera con la quale lo stesso informa: di essere venuto a sapere nel mese di luglio, tramite un amico, che presso la soprintendenza per i beni architettonici, artistici e storici era in corso una procedura per sottoporre a vincolo il fabbricato promesso in vendita; che l'eventuale provvedimento amministrativo gli avrebbe impedito di procedere alla già preventivata ristrutturazione dell'immobile; che, a prescindere dalla conseguente eccessività del prezzo di vendita, l'immobile, in quanto suscettibile di vincolo amministrativo, non poteva considerarsi conforme a quello originariamente promesso in vendita. Nel febbraio 1992 il palazzetto è sottoposto a vincolo di carattere storico. Tizio si rivolge al proprio legale ritenendo Caio inadempiente alle obbligazioni assunte con il preliminare di vendita.
Il candidato, assunte le vesti del legale, rediga l'atto necessario a tutelare gli interessi del proprio cliente.

Svolgimento.
  Tribunale Civile di Milano
    Atto di citazione

Il sig. Tizio, residente in Roma, Via Centrale, elettivamente domiciliato in Milano, Via Centrale, presso lo studio dell'avv.Ics Ypsilon, che lo rappresenta e difende come da mandato in calce al presente atto, espone:

Con scrittura privata del 15.1.1991, l'istante prometteva in vendita a Caio l'antico palazzetto sito nel centro del comune di Zeta. Il contratto definitivo doveva essere stipulato il 19.9.91 davanti al notaio designato. In tale data, Caio non si è presentato, senza alcun valido motivo, per il rogito definitivo al quale era obbligato secondo quanto convenuto nella suddetta scrittura privata, rendendosi inadempiente.

Successivamente allo scadere del termine per il rogito, Caio ha espresso con lettera gli argomenti che lo hanno spinto a non adempiere al suo obbligo, adducendo di aver saputo fin da luglio che l'immobile sarebbe stato sottoposto a vincolo e che per questo il prezzo era divenuto eccessivo, non potendo più Caio provvedere alla ristrutturazione dell'immobile, che era ormai un bene diverso da quello pattuito.

Si ritiene che Caio, avendo stipulato il contratto preliminare in forma scritta, avrebbe dovuto usare la stessa forma per comunicare i motivi della sua rinuncia, prima della data stabilita per il definitivo. Egli infatti era a conoscenza della pendenza della procedura di vincolo fin dal mese di luglio. Inoltre, il vincolo stesso non comporta alcuna diminuzione del valore del bene, in quanto, per la stessa posizione e la sua origine antica, tale ipotesi era prevedibile fin dal momento della stipula del preliminare. Sempre in relazione alla posizione (nel centro storico del comune) Caio non avrebbe comunque potuto operare significative ristrutturazioni, in quanto ogni immobile è sottoposto ai vincoli delle leggi urbanistiche e del decoro architettonico, soprattutto nel centro storico e a prescindere dai vincoli particolari.

Le argomentazioni suddette sono quindi da ritenersi pretestuose.

La mancata comparizione di Caio davanti al notaio, senza alcun preavviso, costituisce un grave inadempimento dell'obbligo di stipulare il contratto.

Tizio, invece, ha adempiuto al suo obbligo comparendo davanti al notaio nella data stabilita e mantenendo il bene impegnato fino a tale data, subendo perciò grave danno, non avendo venduto l'immobile e non avendo potuto investire la relativa somma in altre attività.

All'inadempimento di Caio segue la risoluzione del contratto, da dichiararsi con sentenza, con relativo risarcimento del danno subito da Tizio.

Pertanto   CITA

il sig. Caio, residente in Milano, Via Centrale, a comparire davanti al Tribunale Civile di Milano, nella sua nota sede, all'udienza che il Giudice Istruttore designato, della designanda sezione, terrà il giorno 20 2.1993 e lo invita a costituirsi in giudizio nei modi e termini di legge, per ivi sentire accogliere le seguenti conclusioni:

Voglia il Tribunale Civile di Milano, in accoglimento della domanda attrice, dichiarare la risoluzione del contratto preliminare di compravendita, per inadempimento grave di Caio, il quale si è sottratto all'obbligo di stipulare il rogito definitivo senza dare alcuna comunicazione scritta a Tizio e adducendo, soltanto successivamente, motivazioni irrilevanti e pretestuose.

Conseguentemente, condannare Caio al risarcimento del danno inferto a Tizio consistente nella perdita di altri affari, nel mancato guadagno che sarebbe derivato dall'investimento in altre attività della somma non corrisposta, e nel mancato utilizzo del bene, tenuto impegnato per almeno otto mesi, fino al momento della stipula. L'entità del danno sarà provata in corso di causa o potrà essere stabilita dal Giudice secondo equità. Condannare il soccombente al pagamento delle spese legali, diritti e onorari di avvocato, con formula di provvisoria esecutorietà ex art. 282 C.p.c..

Roma, 17.XI.1992

    Avv. Ics Ypsilon

Delego a rappresentarmi e difendermi in questa procedura l'avv. Ics Ypsilon ed eleggo domicilio presso di lui in Milano, Via Centrale, con tutte le facoltà di legge.   F.to Tizio
Contraddittorio e gravemente carente.
Voto: Venti.

Svolgimento tema N. 1.

Tizio è proprietario del terreno nel quale viene realizzata una costruzione.
Il diritto di proprietà è un diritto reale che permette al titolare di utilizzare pienamente ed esclusivamente il bene.
Tizio sottoscrive insieme alla moglie Caia un contratto di appalto per l'esecuzione di una costruzione nel detto terreno.
La moglie Caia partecipa per metà alle spese di appalto.
Tizio, in seguito a ciò, diviene proprietario anche della costruzione, secondo quanto stabilito dall' art. 934 del Codice Civile, che regola l'istituto dell'accessione, un modo di acquisto della proprietà a titolo originario.
Caia non ha alcun diritto reale sulla costruzione, né può invocare le eccezioni stabilite dall'art. 935 e 936 del Codice Civile. Nel primo caso, infatti, la moglie non può sostenere di aver partecipato all'opera con l'impiego della metà dei materiali, nel qual caso Tizio dovrebbe pagarne il valore, in quanto il contratto di appalto, che è un contratto d'opera a prestazioni corrispettive, stabilisce espressamente che i materiali devono essere forniti dall'appaltatore. Caia ha soltanto sostenuto la metà delle spese di appalto, non fornendo materiali, né partecipando all'acquisto della

Quinto anno.
Corte di Appello di Roma - 14 dic.1993.
Tema N.1.
Titolo: Tizio coniugato con Caia è proprietario del fondo corneliano. Entrambi i coniugi commettono ad un'impresa appaltatrice una costruzione a spese comuni sul predetto suolo. In difetto di espressa regolamentazione fra i coniugi circa la proprietà della costruzione stessa sorge, fra loro controversia in proposito. Tizio si rivolge a un procuratore legale per un parere sulla questione. Il candidato assunte le vesti del procuratore legale rediga il parere soffermandosi sugli istituti applicabili e sulle problematiche connesse alla fattispecie.
Svolgimento.
Tizio è proprietario del terreno sul quale viene realizzata una costruzione.
Il diritto di proprietà è un diritto reale che permette al titolare di utilizzare pienamente ed esclusivamente il bene.
Tizio sottoscrive insieme alla moglie Caia un contratto di appalto per l'esecuzione di una costruzione sul detto terreno.
La moglie Caia partecipa per metà alle spese di appalto.
Tizio, in seguito a ciò, diviene proprietario anche della costruzione, secondo quanto stabilito dall'art.934 del Codice Civile, che regola l'istituto dell'accessione, un modo di acquisto della proprietà a titolo originario.
Caia non ha alcun diritto reale sulla costruzione, nè può invocare le eccezioni stabilite dall'art.935 e 936 del Codice Civile. Nel primo caso, infatti, la moglie non può sostenere di aver partecipato all'opera con l'impiego della metà dei materiali, nel qual caso Tizio dovrebbe pagarne il valore, in quanto il contratto di appalto, che è un contratto d'opera a prestazioni corrispettive, stabilisce espressamente che i materiali devono essere forniti dall'appaltatore. Caia ha soltanto sostenuto la metà delle spese di appalto, non fornendo materiali, nè partecipando all'acquisto della metà degli stessi.
In relazione all'altra ipotesi, prevista dall'art.936 del Cod. Civ., la moglie non può essere considerata terzo, in quanto, come uniformemente stabilito dalla Corte di Cassazione, la

moglie agisce ad altro titolo ed è vincolata al proprietario in base a un altro rapporto, che è quello di matrimonio.
Resta da stabilire quali sono i diritti della moglie.
Se essa viene ritenuta possessore di buona fede, in relazione all'art.1147 C.C., deve applicarsi l'art.115o, ultimo comma, che prevede un diritto alla indennità per addizioni, stabilita nella misura dell'aumento del valore conseguito dal terreno.
Altrimenti, come sembra, la moglie ha diritto a richiedere la restituzione delle somme prelevate dal patrimonio personale, impiegate in spese comuni, secondo quanto disposto dall'art.192 Codice Civile, con interessi e rivalutazione.
Pertanto si conclude nel modo seguente: Tizio è proprietario della costruzione eseguita sul terreno di sua proprietà, per accessione; e Caia ha diritto al rimborso delle somme impiegate, se non alla indennità per addizione.
Voto: 20 - Venti.

Corte di Appello di Roma - 15 dic.1993.
Tema N.1.
Titolo: Tizio recatosi presso gli uffici del Comune per una autenticazione di firma vi trova Caio, impiegato con funzioni di coadiutore, il quale gli fa presente che il funzionario competente a compiere l'atto è momentaneamente assente. In seguito alle pressioni di Tizio il quale ha urgenza di ottenere l'autenticazione in relazione alla scadenza di termini perentori Caio ottiene telefonicamente l'autorizzazione di Sempronio, funzionario competente, a sottoscrivere l'autenticazione con il nome di quest'ultimo ed in tal modo autentica la firma di Tizio, il quale soddisfatto dell'agevolazione ottenuta spontaneamente dona a Caio un orologio d'oro che ha con sè. Successivamente Caio temendo per la sua condotta conseguenze di carattere penale, si reca da un procuratore legale per chiedergli un parere in merito alla sua posizione, nonchè in merito a quella di Tizio e Sempronio.
Il candidato, assunte le vesti del procuratore legale, rediga il parere soffermandosi sugli istituti e problematiche connesse alla fattispecie.
Svolgimento.
Al di là di ogni altra considerazione, Caio ha posto in essere un atto falso, avendo firmato a nome di un altro, secondo quanto disposto dall'art.476 Codice Penale.
Conseguentemente Sempronio concorre alla commistione del reato quale agente provocatore, ex art.11o C.P., in quanto il suo intervento telefonico ha avuto rilevanza causale rispetto al fatto commesso materialmente da Caio.
Sempre in relazione a Caio, sembra di potersi escludere il reato di corruzione, dato che Tizio ha regalato senza alcuna richiesta l'orologio a Caio. Tizio peraltro ha agito pressato dalla scadenza dei termini perentori e ha chiesto che venisse esercitato un suo diritto.
In base all'art.318, 2°comma, C.P., non si può ritenere che Caio abbia accettato l'orologio come retribuzione dato che avrebbe comunque compiuto l'atto, perchè spinto da Sempronio e non da un eventuale corrispettivo. Il reato di falso materiale in atto pubblico, nel caso in esame, non rientra nell'ambito dell'art.319 C.P., per il quale qualunque

regalia avrebbe comunque comportato la realizzazione del reato di corruzione, come stabilito dalla Cassazione. Ma l'atto falsificato nella firma rientra nei doveri dell'ufficio ed è stato soltanto sottoscritto a nome di un altro. D'altronde, anche a voler considerare la sproporzione fra dono e atto stesso, l'enormità del regalo in relazione alla scarsissima consistenza del fatto fanno supporre che l'orologio non sia stato offerto quale corrispettivo per l'autenticazione, ma quale semplice regalo.

Peraltro non sembra potersi sostenere che Tizio fosse a conoscenza dei nomi dei funzionari e sapesse che Caio avesse firmato come Sempronio, compiendo un reato. Tizio ha ritenuto solo di essere stato agevolato.

Pertanto, Caio risponde del reato di cui all'art.476, 1°comma, C.P., essendo l'atto regolato dall'art.27o3 del Cod.Civile e non dall'art.2699, che avrebbe comportato un aumento della pena edittale. È punibile quindi con la reclusione da uno a sei anni. Stessa sorte per Sempronio, in base all'art.11o C.P..

In sede di eventuale giudizio, entrambi potranno avvalersi della facoltà prevista dall'art.444, cod.proc.pen., e con l'applicazione delle attenuanti generiche ex art.62 bis, essendo il reato di scarsa rilevanza, partendo dal minimo di pena, 1 anno, diminuita di un terzo ex art.62 bis, 8 mesi, diminuita ancora per la scelta del rito, 5 mesi e 20 giorni, con i benefici in quanto applicabili.

Si ritiene che al caso in esame possa essere applicato l'art.62 bis C.P., avuto riguardo proprio alla concretezza del fatto, i motivi che lo hanno determinato, le circostanze che lo hanno accompagnato e il danno effettivo cagionato.

Altrimenti, Sempronio rientrerebbe nell'aggravante di cui all'art.112 C.P. n.3, per quanto Caio non possa ritenersi soggetto a Sempronio, che in compensazione con le attenuanti generiche, porterebbero alla diminuzione soltanto di un terzo della pena ex art.444 cpp. E per Caio, attenuante ex art.114, 3°comma, oltre al c.d. patteggiamento.

Ove poi, dovesse rilevarsi anche il reato di corruzione nei confronti di Caio, ex art.318, 1°comma, per lo stesso Caio, in applicazione dell'art.81 C.P., 1°comma, che regola il

concorso formale dei reati, si applica il cumulo delle pene per entrambi previste, come disposto dall'art.73 C.P.. Si ritiene però di poter escludere tale ipotesi. E comunque Sempronio non concorre nel reato di corruzione, avendo promosso soltanto il reato di falso.
Voto: 20 (Venti).

Corte di Appello di Roma - 16 dic.1993.
Svolgimento tema N.2.
    Tribunale Civile di Roma
      Atto di citazione

Il sig. Tizio, nato a , il , e residente in , Via , elettivamente domiciliato in Roma, Via , presso lo studio dell'avv. dal quale è rappresentato e difeso in virtù di mandato in calce al presente atto, espone quanto segue:

L'istante è socio della spa Alfa, come risulta dall'azione, che si deposita.

Con delibera assembleare del la spa Alfa offriva in opzione ai soci le azioni di nuova emissione per aumento del capitale sociale, stabilendo il termine per l'esercizio di tale diritto, come disposto dall'art.2441 del Codice Civile.

Successivamente, prima della scadenza del detto termine, la stessa spa Alfa, con una nuova delibera del , revocava il diritto di opzione già concesso, adducendo la necessità di ridurre il capitale per presunte perdite e di riadeguamento al minimo sociale.

La delibera di revoca del diritto di opzione è illegittima e deve essere annullata, in quanto la revoca di tale diritto, una volta concesso, non è prevista da alcuna norma specifica. È prevista l'esclusione o la limitazione del diritto di opzione, in caso di aumento di capitale, ex art.2441 Cod. Civ., ma non è prevista alcuna possibilità di revoca.

Anche nell'ipotesi prevista dall'art.2447 C.C., l'adeguamento di capitale al minimo, non prevede affatto la possibilità di revoca del diritto di opzione.

La prima delibera che concedeva il diritto di opzione ai soci, essendo conforme alle norme sulla validità, è vincolante e vale come proposta unilaterale per la quale non è prevista la revoca.

Si rimane nell'ambito della proposta irrevocabile, così come definita dall'art.1331, per la quale la revoca è senza alcun effetto, come disposto dall'art.1329 C.C.. L'istante intendeva valersi del proprio diritto non scaduto.

Pertanto   CITA

la spa Alfa in persona del legale rappresentante p.t., nella sua sede in Via

a comparire davanti al Tribunale Civile di Roma, in V.le G.Cesare, 54/b, all'udienza che il Giudice Istruttore designato della designanda sezione terrà il giorno   , ore di rito e la invita a costituirsi in giudizio nei modi e termini di legge, con avvertenza che in difetto si procederà in loro contumacia, per ivi sentire accogliere le seguenti conclusioni:
Voglia il Tribunale di Roma: in accoglimento della domanda, 1) dichiarare illegittima la delibera assembleare del   ,
con la quale la spa Alfa revocava il diritto di opzione sulle azioni di nuova emissione, il cui termine non era ancora scaduto, e conseguentemente annullarla nei suoi effetti, previa sospensione della validità, stabilendo un nuovo termine in favore dell'istante per poterne esercitare il diritto, ai sensi dell'art.2378, 4°comma, Codice Civile;
2) condannare la spa Alfa in persona del legale rappresentante p.t., al risarcimento del danno inferto all'istante, come sarà provato o da stabilirsi secondo equità, tenuto conto della disparità di trattamento fra il ricorrente e gli altri soci che avevano già esercitato il diritto di opzione prima dell'intervento dell'illegittima revoca; 3) condannare il soccombente alle spese, competenze ed onorari di avvocato del presente giudizio, oltre Iva e Cap come per legge, con sentenza munita di clausola.
Si deposita l'azione comprovante la qualità di socio di Tizio e n.2 delibere assembleari.
Roma,   firma
Delego a rappresentarmi e difendermi nel presente giudizio l'avv.   ed eleggo domicilio presso il suo studio in Roma, Via   con tutte le facoltà di legge.
      Firmato Tizio
      La firma è autentica.
Voto: 2/30 (Venti) (Trenta).

1423

Svolgimento Tema N. 1

Si ritiene che Tizio abbia le sue ragioni per rifiutare l'installazione del cancello elettronico confinanti da Caio e Sempronio a sua insaputa. L'abitazione di Tizio, infatti, si trova in un fondo intercluso e, per poterla raggiungere, egli deve attraversare uno dei fondi confinanti, non avendo accesso diretto alla strada provinciale, ovvero il fondo in possesso di Caio e Sempronio.

Il viale di accesso carrabile, passando nel terreno in compossesso di Caio e Sempronio, fondo servente, costituisce una servitù di passaggio coattivo in favore di Tizio, proprietario del fondo dominante, che non può essere modificata senza il suo consenso.

La servitù costituisce un diritto reale di godimento che attribuisce al titolare la facoltà di opporsi a qualunque atto di limitazione del diritto stesso. Infatti, il Pretore adito, competente funzionalmente a decidere le questioni relative ad azioni possessorie, ha riconosciuto il diritto di Tizio.

L'unico motivo di impugnazione che si ravvisa, avverso la decisione del Pretore, è l'eccessiva entità della condanna, che, si ritiene, è stata emessa ultra petita.

Infatti, l'azione possessoria esperita da Tizio,

Sesto anno.
Corte di Appello di Roma - 14 dic.1994.
Tema N.1.
Titolo: Tizio è proprietario di un'abitazione, situata in un fondo intercluso, collegata con la strada provinciale da un viale d'accesso carrabile che insiste sul fondo del quale i soli Caio e Sempronio hanno il compossesso. Questi ultimi, stanchi delle continue ruberie ed invasioni del fondo da parte di estranei, recintano l'appezzamento di terreno e sostituiscono il vecchio cancello d'ingresso, dotato d'un chiavistello manuale ormai scarsamente utilizzato da tutti i compossessori, con un efficiente cancello apribile con telecomando, telecomando che mettono subito a disposizione di Tizio. Questi però lo rifiuta e ricorre al Pretore invocando tutela possessoria. Il Giudice adito condanna Caio e Sempronio a lasciare aperto il cancello giorno e notte disponendo che i battenti vengano fermati stabilmente sul terreno e che sia eliminato definitivamente ogni strumento di chiusura.
Il candidato, assunte le ragioni di Caio e Sempronio, rediga un motivato parere sulla vicenda indicando la via giudiziaria per risolverla.
Svolgimento.
Si ritiene che Tizio abbia le sue ragioni per rifiutare l'installazione del cancello elettronico compiuta da Caio e Sempronio a sua insaputa.
L'abitazione di Tizio, infatti, è posta in un fondo intercluso e, per poterla raggiungere, egli deve attraversare uno dei fondi confinanti, non avendo accesso diretto alla strada provinciale, ovvero il fondo in possesso di Caio e Sempronio. Il viale di accesso carrabile, passando nel terreno in compossesso di Caio e Sempronio, fondo servente, costituisce una servitù di passaggio coattivo in favore di Tizio, proprietario del fondo dominante, che non può essere modificata senza il suo consenso.
La servitù costituisce un diritto reale di godimento che attribuisce al titolare la facoltà di opporsi a qualunque atto di limitazione del diritto stesso.

Infatti, il Pretore adito, competente funzionalmente a decidere le questioni relative ad azioni possessorie, ha riconosciuto il diritto di Tizio.

L'unico motivo di impugnazione che si ravvisa, avverso la decisione del Pretore, è l'eccessiva entità della condanna, che, si ritiene, è stata emessa ultra petita.

Infatti, l'azione possessoria esperita da Tizio, è una semplice azione di manutenzione e non di reintegrazione, in quanto, la consegna del telecomando a Tizio, esclude la volontà di spogliare quest'ultimo del suo diritto. In assenza di spoglio, quindi, Tizio ha spiegato un'azione di manutenzione allo scopo di far cessare le turbative all'integrità del suo diritto. Ne consegue che l'ordine impartito dal Pretore di eliminare definitivamente ogni strumento di chiusura del viale carrabile de quo, sia andato oltre le facoltà del giudicante e, comunque, si dimostra lesivo del diritto di Caio e Sempronio, i quali, se prima, con il solo cancello chiuso manualmente erano continuamente esposti a furti, ora si trovano a subire una situazione ancor più sfavorevole ed iniqua.

Caio e Sempronio, quindi, per i suesposti motivi, possono chiedere l'annullamento o la modifica del provvedimento del Pretore.

Il Pretore può aver pronunciato il suddetto provvedimento con ordinanza, rinviando per la trattazione del merito e la citazione delle parti ad altra udienza.

In tal caso, in sede di trattazione, lo stesso provvedimento può essere dal Pretore revocato o modificato, in seguito ad istanza della parte interessata.

Il termine "condanna", tuttavia, lascia supporre piuttosto una decisione presa con sentenza. Nel quale caso, Caio e Sempronio devono rivolgersi al Tribunale Civile del luogo in cui è posto l'immobile, competente in grado di appello, per la riforma o l'annullamento della sentenza del Pretore.

Il Tribunale, peraltro, può anche ritenere che il cancello elettronico, con consegna del telecomando a Tizio, non sia configurabile come turbativa della servitù, così come sostiene anche parte della giurisprudenza della Corte di Cassazione.

In ogni caso, dovrà modificare la decisione del Pretore, quanto meno ordinando la riduzione in pristino stato del luogo, con l'installazione dell'originario cancello manuale.
Se, infine, il Pretore ha adottato il provvedimento con decreto, Caio e Sempronio devono proporre opposizione, con ricorso allo stesso giudice, entro il termine stabilito dallo stesso Pretore.
Voto: 20 (Venti).

Corte di Appello di Roma - 15 dic.1994.
Tema N.1.
Titolo: Tizio viene rinviato a giudizio ex art.324 C.P. per avere, in qualità di assessore del Comune di Ics, partecipato ad una riunione di giunta municipale nel corso della quale veniva deliberata l'acquisizione al patrimonio comunale, previo pagamento del valore di mercato accertato da apposita perizia di stima, di un'area edificabile di cui lo stesso Tizio è comproprietario. Nelle more del giudizio, interviene l'abrogazione della norma incriminatrice ad opera dell'art.20 della legge 26 aprile 1990 n.86. Tizio si rivolge ad un avvocato per sapere se all'abrogazione dell'art.324 C.P. conseguirà senz'altro la sua assoluzione o se altre norme incriminatrici sanzionino l'ipotesi di fatto descritta in imputazione.
Il candidato, premessi brevi cenni in materia di successione delle leggi penali con particolare riferimento alla nozione di "disposizione più favorevole", assunta la veste dell'avvocato, rediga motivato parere.
Svolgimento.
La materia della successione delle leggi penali, in base a quanto stabilito dall'art.2 del Codice Penale e in relazione anche all'art.25 della Costituzione, regola la questione relativa alla punibilità dei fatti, in riferimento alla entrata in vigore delle leggi.
Le leggi che prevedono un fatto come reato non hanno carattere retroattivo e non possono essere applicate a fatti avvenuti prima della loro entrata in vigore.
Hanno invece carattere retroattivo le leggi che non prevedono più un fatto come reato, ovvero stabiliscono per quel fatto una pena minore. Vale, cioè, il principio della irretroattività delle modifiche legislative più sfavorevoli e della retroattività di quelle più favorevoli.
In base al principio del favor rei, un fatto che a causa dell'intervento di una legge successiva non è più previsto come reato, non è punibile. E se per quel fatto sia già stata pronunciata una condanna, l'esecuzione e gli effetti penali della stessa vengono a cessare, salvo che la stessa condanna non sia dovuta a sentenza irrevocabile, per la quale, cioè, sia ormai decorso il termine per impugnare o

per la quale non sia ammessa impugnazione diversa dalla revisione.

Nel caso in esame, l'art.324 C.P. prevedeva un reato di pericolo, che prescindeva da un effettivo danno nei confronti della P.A. (interesse privato in atti di ufficio).

La violazione, quindi, si verificava anche se l'atto amministrativo era legittimo e le finalità del reo coincidevano con lo scopo pubblico.

Peraltro, la partecipazione di Tizio alla riunione di giunta era proprio l'elemento costitutivo del reato previsto dall'articolo abrogato, seppure il valore del bene fosse quello di mercato e il bene stesso fosse di pubblica utilità.

L'intervenuta abrogazione della norma in questione, non essendo stata emessa condanna irrevocabile nei confronti di Tizio, essendo il processo ancora in corso, comporta la non punibilità di Tizio, in quanto il fatto non è più previsto come reato. A meno che lo stesso fatto non sia punibile in applicazione di altra disposizione.

La stessa legge che ha provveduto all'abrogazione dell'art.324 C.P., ha anche modificato l'art.323 C.P.. L'intera normativa relativa al reato di abuso di ufficio risulta così rinnovata.

Per commettere il reato, ora, non è più sufficiente la mera partecipazione al compimento di un atto amministrativo nel quale il soggetto abbia un qualunque interesse privato, ma l'atto deve aver lo scopo di procurare un vantaggio ingiusto, patrimoniale o non.

L'ingiustizia dell'atto diventa così l'elemento costitutivo del nuovo abuso di ufficio.

Se l'atto compiuto da Tizio dovesse risultare finalizzato a ricavare un vantaggio economico ingiusto, tale fatto rientrerebbe anche nella nuova previsione dell'art.323 C.P., così come modificato dalla L.n.86/1990. Ma, ai fini della pena, si applicherebbe ancora l'art.324 C.P., in vigore al tempo del fatto, perchè, secondo il principio del favor rei, prevedeva una pena detentiva minore.

In effetti, però, sembra di poter ritenere che il fatto per cui Tizio è imputato sia escluso dalla fattispecie criminosa prevista dall'art.323 C.P., come modificato. Tizio ha partecipato alla riunione della giunta nella quale è stato deliberato l'acquisto dell'area edificabile di cui Tizio non era proprietario esclusivo, ma comproprietario.

Il prezzo di tale compravendita era stabilito secondo il valore di mercato, confermato da una perizia di stima. L'area edificabile probabilmente è stata acquistata dal Comune per motivi legittimi e non per far conseguire un vantaggio a Tizio.

Pertanto si può ben ritenere che Tizio debba conseguire l'assoluzione perchè il fatto non costituisce reato.

Voto: 25 (Venticinque).

Corte di Appello di Roma - 16 dic.1994.
Tema N.1.
Titolo: La società semplice Alfa, composta da Caio e Mevio, avendo acquistato da Sempronio alcuni appartamenti facenti parte di un edificio da lui costruito nell'abitato di Ics Ypsilon, sostiene di aver acquistato anche la proprietà delle aree di parcheggio. Tali aree, realizzate in ottemperanza alle prescrizioni del Comune ed ai sensi dell'art.18 della legge 6 agosto 1967 n.765, erano state oggetto di espressa riserva di proprietà fatta da Sempronio nel contratto di trasferimento della proprietà dei singoli appartamenti compravenduti, riserva della quale Caio e Mevio contestavano la legittimità. Sempronio assumeva invece la piena legittimità della riserva di proprietà delle aree de quibus in quanto assoggettate, dall'art.26 della legge 28 febbraio 1985 n.47, al regime delle pertinenze di cui agli artt.817, 818 e 819 del C.C. e pretendeva, in subordine, il pagamento del prezzo delle quote delle aree rivendicate il cui valore, egli altresì assumeva, non era stato contabilizzato nel prezzo di trasferimento dell'immobile.
Il candidato, assunte le vesti del difensore di Sempronio, rediga l'atto giudiziario più idoneo a salvaguardare la posizione di questi.
Svolgimento.

 Tribunale Civile di Roma
  Atto di citazione

Il sig. Sempronio, nato a , il , residente in , Via , elettivamente domiciliato in , presso lo studio dell'avv. , dal quale è rappresentato e difeso giusta mandato in calce al presente atto, espone quanto segue:
1) La società semplice "Alfa", di Caio e Mevio, ha acquistato alcuni appartamenti dell'edificio di proprietà di Sempronio, dallo stesso costruito nell'abitato Ics Ypsilon.
2) Negli atti di compravendita dei singoli appartamenti era stata fatta espressa riserva di proprietà, in favore del venditore Sempronio, per le aree di parcheggio.
3) La società "Alfa" contesta la legittimità delle suddette riserve di proprietà e sostiene di aver acquistato anche la proprietà delle aree di parcheggio, che quindi utilizza sin dal giorno della stipula degli atti.

4) I sigg. Caio e Mevio detengono arbitrariamente ed utilizzano illecitamente le dette aree, senza alcun titolo.
5) La pretesa e arbitraria proprietà delle aree di parcheggio da parte dei convenuti comporta per l'attore un grave danno, in quanto impedisce la vendita delle stesse e la perdita del prezzo ricavabile, nonchè il mancato reinvestimento delle relative somme.
L'assunto dei convenuti Caio e Mevio è infondato.
Infatti, il venditore-costruttore Sempronio, in applicazione della disposizione di cui all'art.18, L.675/67 e all'art.26, L.n.47/85, nonchè nel rispetto delle prescrizioni del Comune, era obbligato alla realizzazione, nell'edificio, di un certo numero di aree di parcheggio, in rapporto alla cubatura della costruzione.
Le stesse leggi non prevedono alcun obbligo per il costruttore circa la vendita delle aree di parcheggio, che, pur costituendo pertinenze delle costruzioni, secondo quanto stabilito dall'art.818, 2°comma, C.C., possono essere oggetto di atti separati.
In effetti, negli atti di vendita degli appartamenti è stata esplicitamente esclusa la vendita anche delle aree di parcheggio, per le quali è stata fatta riserva di proprietà in favore di Sempronio. Tale riserva fa sì che la cosa principale, l'appartamento, non comprenda la pertinenza, l'area di parcheggio.
Il vincolo pubblicistico della destinazione, previsto dalle leggi su richiamate, non impedisce, per le aree di parcheggio, la vendita in atti separati, come nel caso in esame.
Pertanto   CITA
1) il sig. Caio, residente in   , Via   ;
2) il sig. Mevio, residente in   , Via   ,
in proprio e nella loro qualità di titolari della società semplice "Alfa";
3) la società semplice "Alfa", con sede in
in persona del legale rappresentante p.t.;
a comparire davanti al Tribunale Civile di Roma, nella sua nota sede in V.le G. Cesare 54/b, Sezione e G.I. destinandi, all'udienza che il G.I. designato della designata sezione terrà il giorno 28 febbraio 1995, ore di rito, e li invita a

costituirsi in giudizio nei modi e termini di legge, con avvertenza che in difetto si procederà in loro contumacia, per ivi sentire accogliere le seguenti conclusioni: Voglia il Tribunale di Roma:

1) Dichiarare la proprietà di Sempronio delle aree adibite a parcheggio, come risulta dai contratti di compravendita che esplicitamente la riservano in suo favore;

2) Ordinare la rimozione di ogni cosa eventualmente depositata nei suddetti spazi ad opera dei convenuti;

3) conseguentemente condannare i convenuti in solido al risarcimento del danno subito, dalla stipula dei contratti fino al momento della definizione della controversia, nella misura che sarà determinata, anche a titolo di maggior danno, ai sensi dell'art.1223 C.C., quale mancato guadagno per non aver potuto reinvestire in attività fruttuose la somma non percepita a causa dell'azione illecita posta in essere dai convenuti; oltre interessi legali dal giorno della stipula dei contratti e rivalutazione monetaria;

4) condannare i soccombenti alle spese, competenze ed onorari di avvocato;

5) Munire la sentenza di clausola di provvisoria esecutorietà.

Si depositano i contratti di compravendita degli appartamenti.

Si chiederà interrogatorio formale e prova per testi sui capitoli 1,2,3,4,5 della narrativa ed eventuale CTU per stabilire il valore di mercato delle aree adibite a parcheggio, al fine di quantificare l'entità del danno.

Roma, 16.12.1994

Conferisco mandato all'avv.   a rappresentarmi e difendermi in questa procedura ed eleggo domicilio presso il suo studio in Roma, Via   , con tutte le facoltà di legge.

Relazione di notifica.

Ad istanza come in atto, Io sottoscritto Aiutante Ufficiale Giudiziario addetto all'Ufficio Unico della Corte di Appello di Roma, ho notificato il presente atto al sig. Caio, in   , Via   , consegnandone copia a:

Voto: 20 (Venti).

961

Tema N. 1

L'istituto della simulazione, regolato dagli articoli 1414-1417 del Codice Civile, prevede la possibilità di stipulare un contratto che non abbia effetto fra le parti. Ovvero, pur esistendo un atto perfettamente valido nella sua concreta formulazione scritta, il negozio posto in essere con l'atto suddetto è solo apparentemente valido, in quanto le parti non hanno voluto concludere alcun contratto. La volontà contrattuale non corrisponde alla dichiarazione scritta e quindi il contratto è mera apparenza. Colui che ha sottoscritto la dichiarazione non voleva in realtà alcun negozio e il negozio stesso non ha avuto alcun effetto.

Invero, il contratto di vendita, così come regolato dall'art. 1470 c.c., prevede che l'effetto proprio del negozio sia il trasferimento della proprietà di un bene dietro il corrispettivo di un prezzo.

Ma se la mera dichiarazione di vendita non ha il suo effetto concreto, ovvero la proprietà del bene rimane a favore del venditore, come è nel caso in esame, e il presunto acquirente non versa alcun prezzo in controprestazione, l'atto in sé è soltanto apparente, poiché la volontà delle parti non ha corrisposto con le dichiarazioni. Manca l'intrinseca verità e la sincerità della dichiarazione poiché il fatto non risponde alla vera intenzione delle parti.

Le parti, cioè, non hanno voluto stipulare un vero atto di compravendita, ma hanno voluto soltanto realizzare

Settimo anno.
Corte di Appello di Roma - 12 dic.1995.
Tema N.1.
L'istituto della simulazione, regolato dagli articoli 1414-1417 del Codice Civile, prevede la possibilità di stipulare un contratto che non abbia effetto fra le parti. Ovvero, pur esistendo un atto perfettamente valido nella sua concreta formulazione scritta, il negozio posto in essere con l'atto suddetto è solo apparentemente valido, in quanto le parti non hanno voluto concludere alcun contratto. La volontà contrattuale non corrisponde alla dichiarazione scritta e quindi il contratto è mera apparenza. Colui che ha sottoscritto la dichiarazione non voleva in realtà alcun negozio e il negozio stesso non ha avuto alcun effetto.
Invero, il contratto di vendita, così come regolato dall'art.1470 C.C., prevede che l'oggetto proprio del negozio sia il trasferimento della proprietà di un bene dietro il corrispettivo di un prezzo.
Ma se la mera dichiarazione di vendita non ha il suo effetto concreto, ovvero la proprietà del bene rimane a favore del venditore, come è nel caso in esame, e il presunto acquirente non versa alcun prezzo in controprestazione, l'atto in sè è soltanto apparente, poichè la volontà delle parti non ha corrispondenza con la dichiarazione. Manca l'intrinseca verità e la sincerità della dichiarazione poichè il fatto non risponde alla vera intenzione delle parti. Le parti, cioè, non hanno voluto stipulare un vero atto di compravendita, ma hanno voluto soltanto realizzare un atto simulato.
La dichiarazione, per avere pieno valore, deve essere l'espressione puntuale della volontà. Infatti, è proprio dalla combinazione delle volontà delle parti che scaturisce l'accordo che costituisce, regola ed estingue un rapporto giuridico patrimoniale.
Nel caso in esame, non esiste affatto la c.d. volontà dichiarata e quindi ci muoviamo nell'ambito dell'istituto della simulazione assoluta.
Pertanto, Mevio, che per successione mortis causa è erede di Tizio, è l'unico effettivo proprietario di quell'immobile che, peraltro, è proprio da lui abitato con l'animus del

proprietario. Mentre Sempronio, erede di Caio, non ha alcun titolo per poter chiedere il rilascio dell'immobile da parte di Mevio, non essendone affatto il proprietario, in quanto il titolo che presuppone tale suo diritto è un atto apparente, che non ha mai avuto effetti e quindi non ha alcuna validità.

Mevio, dunque, avendo ricevuto richiesta di rilascio dell'immobile da parte di Sempronio, che si dichiara proprietario in virtù di un atto apparente, deve contestare la titolarità dedotta da quest'ultimo.

Nel caso in cui Sempronio abbia proposto precetto di rilascio nei confronti di Mevio, questi deve proporre l'eccezione di simulazione con opposizione al precetto, cioè con citazione davanti al Tribunale del luogo ove è posto l'immobile, sostenendo l'invalidità e l'inesistenza del titolo, esibendo l'eventuale controdichiarazione che dimostri l'accordo simulato e quindi la volontà di non porre in essere alcun negozio giuridico.

Ove, poi, Mevio non possa esibire la controdichiarazione, essendo egli erede, non considerato terzo, ma essendo nella medesima situazione giuridica del suo dante causa, dovrà sostenere la tesi della simulazione assoluta che, poichè è soggetta alla disciplina di cui all'art.2722 C.C., avendo natura ricognitiva dell'inesistenza del contratto apparentemente stipulato, non rientra tra gli atti per i quali è richiesta la forma scritta ad substantiam o ad probationem e quindi non è compresa fra gli atti indicati dall'art.2725 C.C.; la prova testimoniale, perciò, è ammissibile sempre, come previsto dall'art.2724 C.C. e non solo nel caso di perdita senza colpa del documento che fornisce la prova.

Se, invece, Sempronio non abbia ancora notificato il precetto, Mevio potrà proporre azione negatoria, ex art.949 Cod. Civile, con citazione presso il Tribunale del luogo ove è posto l'immobile, volta all'accertamento negativo contro qualsiasi pretesa di diritti reali da parte del terzo. Salvo sempre il risarcimento del danno.

Voto: 30 (Trenta).

Corte di Appello di Roma - 13 dic.1995.
Tema N.1.
Poichè è già stata effettuata la perizia autoptica, disposta dal pubblico ministero a norma dell'art.116 n.1, att., cod.proc. pen., Caio è già stato avvisato in qualità di persona sottoposta ad indagine, secondo quanto disposto dall'art.360 C.P.P., oltre ad aver già ricevuto l'informazione di garanzia ex art.369 Cpp, con l'indicazione delle norme che si assumono violate.

L'autopsia ha rilevato che "la causa della morte è attribuibile a lesioni interne" e che un immediato intervento chirurgico "avrebbe aumentato la possibilità di successo terapeutico".

Pertanto appare probabile che il pubblico ministero, in seguito ai risultati dell'autopsia, richieda il rinvio a giudizio di Caio, esercitando così l'azione penale, della quale è l'esclusivo titolare, investendo il giudice della conoscenza dei fatti processuali, indicando le generalità dell'imputato, il fatto e le circostanze aggravanti, le prove acquisite e la richiesta del decreto che disponga il giudizio.

Caio potrà quindi essere imputato del reato di omicidio colposo, a norma dell'art.589 C.P., punibile con la reclusione da 6 mesi a 5 anni. Di fronte a tale imputazione Caio potrà sostenere la seguente linea difensiva.

Caio era soltanto un medico di guardia, non specialista. In seguito ad un attento esame clinico svolto nei confronti di Tizio, al quale è stata suturata una ferita, non sembravano sussistere particolari sintomi tali da far presumere un aggravamento, nè tantomeno il decesso del paziente, che al momento della dimissione dall'ospedale appariva in buone condizioni. Il decesso non può essere attribuito alla negligenza di Caio quale causa immediata e diretta dell'evento. Infatti le nozioni di imperizia e di imprudenza, nel caso in esame, presentano peculiari caratteristiche per il frequente insorgere del rischio e del fortuito. La colpa, cioè, è ravvisabile soltanto nell'errore inescusabile, ovvero nel difetto dell'abilità tecnica e nella trasgressione delle norme su cui si fonda la scienza medica.

Ma Caio, avendo peraltro suturato la ferita di Tizio, non ha mostrato alcuna incapacità tecnica, nè ha trasgredito ad

alcuna norma di scienza medica, tanto che, in effetti, la stessa autopsia si è limitata a sostenere che un immediato intervento chirurgico avrebbe soltanto aumentato le possibilità di successo terapeutico, pur non escludendo affatto che lo stesso intervento chirurgico avrebbe ugualmente prodotto il decesso del paziente.
Inoltre, Tizio, dopo essere stato dimesso, è tornato alla sua abitazione, non sappiamo con quali mezzi, non sappiamo cosa abbia fatto e non possiamo neanche escludere che possa aver subito ulteriori traumi, dato che l'incidente con la sua autovettura non è stato provocato da cause esterne, ma dallo stesso Tizio che, senza motivo, ha perso il controllo del veicolo. Non si può escludere, quindi, che Tizio possa essere incorso nuovamente in una perdita di controllo di sè, e sia caduto, scivolato, inciampato durante la notte, provocandosi proprio quelle lesioni interne, o facendo aggravare altre non letali, che abbiano provocato il suo decesso.
Sarà, pertanto, necessario presentare una richiesta scritta al pubblico ministero, nel corso delle indagini preliminari, ex art.367, cpp, affinchè vengano disposte ulteriori indagini proprio per accertare tutti gli spostamenti e i movimenti compiuti da Tizio dal momento in cui è uscito dall'ospedale al momento del decesso. Ovvero, presentare le stesse richieste alla cancelleria del giudice investito del processo, che nel caso in esame si ritiene debba essere il Pretore, competente per materia a norma dell'art.7, lett.h, cpp, in relazione all'ipotesi di imputazione formulata, per cui si ritiene che Caio sia chiamato a rispondere per il reato di cui all'art.589, 1°comma, C.P., di omicidio colposo.
Nel corso dell'udienza preliminare, inoltre, potrà essere presentata una relazione tecnica che stabilisca, nel caso che il nesso di causalità fra la dimissione dall'ospedale e decesso venga ritenuto provato, le percentuali di probabilità che l'intervento chirurgico avrebbe potuto comportare una guarigione e le percentuali che invece avrebbe potuto avere esito negativo.
In ogni caso, resta sempre da stabilire se le rilevate lesioni interne, cui si riferisce l'autopsia, erano rilevabili con una semplice radiografia, oppure erano tali da non poter essere

rilevate neanche con radiografie. Fatto da accertarsi in corso di causa.

Pertanto, constatato l'esito delle varie richieste di ulteriori indagini, delle ulteriori perizie e di tutti gli elementi a favore di Caio, al momento del dibattimento si potrà valutare: se sostenere la non sussistenza del nesso di causalità o la mancanza di colpa da parte di Caio, per i motivi su esposti, fino a poter richiedere l'assoluzione dello stesso per non aver commesso il fatto o perchè il fatto non costituisce reato; se procedere comunque al dibattimento e, in caso di condanna, proporre appello ed eventualmente ricorso per cassazione; ovvero se, nel caso che tutti gli elementi risultino sfavorevoli, considerando le conseguenze che ne possano derivare, richiedere il c.d. patteggiamento, per cui, partendo da un minimo di pena di 6 mesi di reclusione, diminuita di un terzo in considerazione delle attenuanti prevalenti, ex art.62 bis, C.P., diminuita ulteriormente di un terzo per la scelta del rito, ex art.444, CPP, previa sospensione condizionale della pena, data l'incensuratezza di Caio, si arriverebbe ad una condanna a cinquantaquattro giorni di reclusione, sempre se il pubblico ministero sia favorevole.

Voto: 30 (Trenta).

Corte di Appello di Roma - 14 dic.1995.
Tema N.3.
Tribunale Amministrativo Regionale del Lazio.
	Ricorso

Il dr. Tizio, residente in Roma, elettivamente domiciliato in Roma, Via Aurelia,11o, presso lo studio dell'avv. Mario Bianchi, dal quale è rappresentato e difeso giusta mandato in calce al presente atto;

contro: 1) la Commissione esaminatrice del concorso per professore associato, in persona del Presidente p.t., nel suo ufficio posto presso l'Università, facoltà di , in Roma;

2) l'Università di Roma, in persona del Rettore p.t., elettivamente domiciliata ex lege presso l'Avvocatura Generale dello Stato, in Roma;

3) Il Ministero per la Ricerca Scientifica, in persona del ministro p.t., elettivamente domiciliato ex lege presso l'Avvocatura Generale dello Stato, in Roma;

4) Il dr. Sempronio, in qualità di controinteressato, in Roma;

Per l'annullamento, previa sospensione, del provvedimento emesso dalla Commissione esaminatrice con il quale il dr.Tizio è stato giudicato inidoneo al concorso per professore associato.

Fatto: Il dr.Tizio ha partecipato ad un concorso per professore associato e pur avendo tutti i titoli e i requisiti richiesti dal relativo bando di concorso e avendo svolto il compito assegnato secondo le direttive previste dalla legge sul concorso detto, è stato giudicato inidoneo dalla Commissione esaminatrice, in contrasto con quanto disposto dal DPR 9.5.1994, n.487, che all'art.12 prescrive che i criteri di valutazione delle prove concorsuali siano stabiliti "al fine di motivare i punteggi attribuiti alle singole prove".

Si rileva che il dr.Caio, componente effettivo della commissione esaminatrice de quo, non aveva i titoli per essere nominato commissario e la sua nomina è da ritenersi illegittima.

Diritto: Il provvedimento impugnato è invalido e illegittimo. Il dr. Caio, pur essendo un tecnico, esperto nelle materie oggetto del concorso, come stabilito dall'art.9, n.2, DPR n.487/94, si trovava ad essere in una delle incompatibilità previste dall'art.11, n.1, DPR citato, quindi non poteva rivestire la carica di commissario.

L'interesse del dr. Tizio a far rilevare l'illegittimità della nomina di un componente della commissione esaminatrice è sorto al momento della avvenuta conoscenza del giudizio di inidoneità nei suoi confronti. E non ha rilevanza il fatto che la nomina dei vari commissari fosse stata resa pubblica in data antecedente i lavori della commissione, in quanto, lo stesso commissario aveva l'obbligo di far rilevare la propria incompatibilità, ai sensi dell'art.11, DPR citato, e di astenersi, mentre i candidati avevano soltanto la facoltà di proporre ricorso al Presidente della commissione, per l'esclusione del commissario in condizioni di incompatibilità, a norma dell'art.52, cod. proc. civile, così come richiamato dall'art.11, DPR 487/94.

Ciò anche in relazione all'orientamento giurisprudenziale che ritiene ammissibile il ricorso indipendentemente dalla pubblicazione dell'atto di nomina della Commissione.

Per i fatti su esposti il dr. Tizio propone il presente ricorso, con il quale chiede che il Tribunale Amministrativo Regionale del Lazio Voglia sospendere preventivamente il provvedimento impugnato di inidoneità del dr. Tizio al ruolo di professore associato, per illegittimità della formazione della commissione esaminatrice, per incompatibilità di uno dei componenti e per invalidità di ogni atto compiuto dalla commissione stessa, in quanto dal provvedimento impugnato deriva un grave ed irreparabile danno nei confronti del ricorrente, che non può accedere al ruolo di professore associato, con perdita del relativo compenso;

conseguentemente dichiarare nullo ogni atto posto in essere dalla commissione esaminatrice suddetta, perchè formata illegittimamente e ordinare la formazione di una nuova commissione allo scopo di valutare, sia i compiti già svolti dai candidati, secondo i criteri della legittimità, sia i titoli di ammissione al concorso stesso. Con tutte le conseguenze di legge.

Roma, 14.12.1995

    Avv. Mario Bianchi

Delego l'avv. Mario Bianchi a rappresentarmi e difendermi in questo giudizio davanti al Tribunale Amministrativo Regionale del Lazio ed eleggo domicilio presso il suo studio in Roma, Via Aurelia,11o, con tutte le facoltà di legge.
Relazione di notifica.
Ad istanza come in atto, Io sottoscritto Aiutante Ufficiale Giudiziario addetto all'Ufficio Unico della Corte di Appello di Roma, ho notificato copie del presente atto a 1)2)3)4) nel domicilio in
consegnandone copia a
Voto: 30 (Trenta).

1320

Tema N. 2

L'atto pubblico stipulato in data 15.1.1983, con il quale è stato stabilito il trasferimento della proprietà dell'appartamento di Via Xavio Rossi, interno 10, in favore di Tizio, dietro corrispettivo del prezzo pattuito, così come previsto dall'art. 1470 Codice Civile, che detta le nozione del contratto di vendita; è un atto che, in quanto pubblico, ha l'efficacia della piena prova di quanto in esso stabilito. A meno di non proporre querela di falso contro l'atto pubblico di vendita, con l'indicazione degli elementi e delle prove della falsità, la vendita dell'appartamento ha valore di legge fra le parti che l'hanno sottoscritta, ex art. 1372 Cod. Civ. –
Il contratto stesso, peraltro, presenta tutti i requisiti richiesti, quali l'accordo delle parti, tale che la clausola relativa al trasferimento del diritto di comproprietà delle pertinenze precisata, quindi conosciuta e conoscibile da parte dei contraenti; la causa per cui è stato stipulato è lecita, non in frode alla legge, né persegue un interesse illecito; l'oggetto è determinato e la forma è quella dell'atto pubblico, come previsto per i contratti che trasferiscono la proprietà dei beni immobili. – Non è rilevabile alcuna nullità dell'atto. –
Né è rilevabile un vizio della volontà di Caio nella stipula del contratto, il quale non l'avrebbe stipulato, in quanto Caio ha sottoscritto anche la clausola che riceve lo stesso atto contrassegnata dalla lettera A all'acquirente dell'appartamento interno n. 10, la quale clausola non può essere colpita da nullità. Né sembra ravvisabile alcun raggiro. –
A meno che il prezzo non sia stato stabilito in misura

Ottavo anno.
Corte di Appello di Roma - 10 dic.1996.
Tema N.2.
Titolo: Tizio acquista da Caio, con atto pubblico, in data 15.1.1983, l'appartamento sito nel condominio di Via Mario Rossi, contraddistinto con l'int.n.10, nel quale Caio è condomino per essere proprietario anche dell'appartamento sito all'int.n.15.

Al piano terreno del caseggiato, composto da 20 appartamenti, si trovano 6 box privati ed un'autorimessa comune, adibita al parcheggio di 14 autovetture. Detta autorimessa è costituita parte comune per regolamento condominiale e riservata ai 14 condomini non proprietari di box. Dall'atto di acquisto 15.1.1983 risulta che all'int.10 è riservato, nell'autorimessa collettiva, lo spazio condominiale contrassegnato con lettera A nella planimetria allegata al regolamento.

Caio, peraltro, pretende di seguitare a far uso di detto posto macchina, asserendo di non aver mai rinunziato al diritto di comproprietà sull'autorimessa comune e che mai avrebbe venduto l'appartamento contraddistinto con l'int.10 se l'alienazione avesse comportato la perdita del posto macchina: ciò perchè, nell'atto con cui egli aveva acquistato l'appartamento contraddistinto con l'int.15, veniva esplicitamente escluso il trasferimento del diritto di comproprietà sul posto macchina di pertinenza.

Il candidato, assunte le vesti del legale di Caio, rediga motivato parere, illustrando le problematiche sottese alla fattispecie in esame.

Svolgimento.

L'atto pubblico stipulato in data 15.1.1983, con il quale è stato stabilito il trasferimento della proprietà dell'appartamento di Via Mario Rossi, interno n.10, in favore di Tizio, dietro corrispettivo del prezzo pattuito, così come previsto dall'art.1470 Codice Civile che detta la nozione del contratto di vendita, è un atto che, in quanto pubblico, ha l'efficacia della piena prova di quanto in esso stabilito. A meno di non proporre querela di falso contro l'atto pubblico di vendita, con l'indicazione degli elementi e delle prove della falsità, la vendita dell'appartamento ha valore di legge fra le parti che l'hanno sottoscritta, ex art.1372 C.C.. Il contratto stesso, peraltro, presenta tutti i requisiti richiesti, quali l'accordo delle parti, tale che la clausola relativa alla pertinenza era espressa, quindi conosciuta o conoscibile da parte dei contraenti, la causa per cui è stato stipulato era lecita, non in frode alla legge, nè perseguiva un'intenzione illecita, l'oggetto era determinato e la forma è quella scritta dell'atto pubblico, come previsto per i contratti che trasferiscono la proprietà di beni immobili. Per cui non appare rilevabile alcuna nullità dell'atto.

Nè è rilevabile un vizio della volontà di Caio nello stipulare il contratto, il quale non l'avrebbe stipulato, in quanto la clausola che riserva lo spazio auto contrassegnato dalla lettera A all'acquirente dell'appartamento dell'interno 10, non può essere colpita da nullità, essendo stata sottoscritta la clausola stessa che prevedeva la detta riserva. E non sembra potersi ravvisare alcun raggiro. A meno che il prezzo non sia stato stabilito in misura inferiore ai valori di mercato, ai danni di Caio, il quale non considerava inclusa la pertinenza, bensì la riteneva esclusa. Nel quale caso Caio potrà intentare un giudizio per ottenere la dichiarazione di nullità del contratto per mancanza dell'accordo delle parti, elemento essenziale dello stesso.

Il posto macchina in questione è una pertinenza, costituendo servizio ed ornamento dell'appartamento, sia per quanto disposto nel regolamento di condominio, il quale riserva un posto macchina nell'autorimessa comune ai condomini non proprietari di box. Sia perchè risulta espressamente nell'atto pubblico sottoscritto da Caio, la cessione del posto macchina stesso dell'appartamento di cui all'interno 10.

Pertanto nulla può opporsi alla titolarità di Tizio, anche in relazione all'acquisto della comproprietà del posto auto.

Per quanto riguarda, invece, l'atto di acquisto dell'appartamento di cui all'interno n.15, Caio non ha goduto del trasferimento della comproprietà del posto auto relativo al detto appartamento, in quanto tale trasferimento era stato escluso esplicitamente nel contratto di acquisto.

In relazione a ciò, si può ipotizzare un'azione per ottenere una sentenza che dichiari nulla la clausola con cui è stato escluso il trasferimento del diritto di comproprietà sul posto macchina di pertinenza dell'appartamento interno 15.
Trattandosi, in effetti, non di un diritto esclusivo di proprietà, come per l'appartamento, ma trattandosi di un diritto di comproprietà, cioè diritto di uso di cose comuni, quale lo spazio auto dell'autorimessa comune riservato ai condomini, il diritto stesso non poteva essere escluso, nell'atto di vendita, in danno dell'acquirente Caio, in quanto, nel caso in questione, la pertinenza non è individuabile specificamente nel posto macchina in sè, bensì nel diritto di comproprietà di quella parte di suolo riservata ai condomini non proprietari di box, in numero corrispondente agli appartamenti, peraltro. La pertinenza in questione, perciò, è inalienabile separatamente dal bene principale cui è riservata, proprio perchè il proprietario dell'appartamento non ne ha l'esclusiva proprietà, ma è comproprietario con il condominio. Il condomino proprietario di un appartamento e non proprietario di box, ha il diritto di comproprietà sul posto auto comune, ma non ne ha la piena titolarità, quindi al momento della vendita dell'appartamento, non può certo escludere il trasferimento del diritto di comproprietà del posto auto del quale non è esclusivo titolare.
Pertanto, Caio dovrà chiamare in giudizio il venditore dell'appartamento di cui all'interno 15, per ottenere una sentenza dichiarativa della nullità della clausola per cui non gli è stata trasferita la comproprietà del posto auto relativo, nonchè per sentir dichiarare la titolarità in suo favore del diritto di comproprietà del posto auto, salvo il risarcimento del danno per il mancato godimento del diritto stesso, risarcimento sempre dovuto.
Voto: 25.

Corte di Appello di Roma - 11 dic.1996.
Tema N.1.
Titolo: Il Tribunale – nell'applicare la pena, ai sensi dell'art.444 cpp a Tizio per detenzione di sostanze stupefacenti - dispone la confisca delle sostanze sequestrate nonchè di una somma ingente ritenuta "prezzo" del reato di spaccio. Tizio si rivolge ad un legale per ottenere la restituzione della somma sequestrata.
Il candidato, assunte le vesti del legale, premessi brevi cenni sulle misure di sicurezza e in particolare sulla confisca, rediga motivato parere, illustrando le problematiche sottese alla fattispecie in esame.
Svolgimento.
Ai sensi dell'art.445 cpp, la sentenza emessa a norma dell'art.444 cpp, su richiesta delle parti, non comporta l'applicazione di misure di sicurezza, esclusa la confisca delle cose che costituiscono il reato e il prezzo del reato, così come previsto per il caso in esame dall'art.24o C.P., comma 2, n.1.
Le misure di sicurezza sono pene accessorie che vengono inflitte dal giudice nella stessa sentenza di condanna (o di proscioglimento) nel caso di presunzione di pericolosità sociale, nei casi espressamente previsti dalla legge. La legge deve anche prevedere espressamente il tipo di misura applicabile al caso specifico. Le misure amministrative di sicurezza sono applicabili soltanto alle persone socialmente pericolose e tale pericolosità deve essere valutata tenuto conto della gravità del reato, ovvero, della natura del reato stesso e delle modalità della sua esecuzione, del danno o del pericolo prodotto nei confronti di terzi, del dolo e del grado di colpa; nonchè della capacità a delinquere del reo, desumibile dal carattere, dai precedenti penali, nonchè dalle condizioni familiari del reo stesso.
Le misure di sicurezza hanno efficacia fino all'estinzione del reato e possono essere applicate provvisoriamente ed anche revocate, decorso il termine di durata minima, sempre tenuto conto della pericolosità sociale del reo, ovvero della probabilità che lo stesso possa commettere altri reati.
Le misure di sicurezza sono personali o patrimoniali.

La confisca è una misura di sicurezza patrimoniale che segue in parte le disposizioni stabilite per le misure di sicurezza personali.
La confisca, nel caso di condanna, si riferisce alle cose utilizzate per il reato e che ne sono il prodotto o il profitto, sequestrate e a disposizione del giudice.
In particolare, la confisca deve essere ordinata per le cose che costituiscono il prezzo del reato e delle cose che costituiscono il reato, anche se non è stata pronunciata condanna.
Nel caso in esame, il Tribunale ha disposto la confisca della sostanza stupefacente sequestrata, nonchè ha disposto la confisca del denaro, ritenuto prezzo del reato di spaccio, ex art.24o, C.P., 2°comma, n.1.
Il reato per cui si è proceduto non è spaccio di stupefacenti, bensì "detenzione", che peraltro non è neanche più reato, in seguito al referendum abrogativo delle norme che configuravano la mera detenzione di sostanze stupefacenti quale reato. Tizio tuttavia ha "patteggiato" la pena, probabilmente per ottenere la scarcerazione immediata. Ma ciò non comporta la modifica del capo di imputazione, che rimane inchiodato al termine "detenzione".
Poichè la mera detenzione di stupefacenti non presuppone nè può essere equiparata al reato di spaccio di stupefacenti, la somma sequestrata e conseguentemente confiscata dal Tribunale, con la sentenza de quo, non può in alcun modo ritenersi prezzo del reato di spaccio, in quanto non si è proceduto nei confronti di Tizio per tale reato e non è stata data alcuna prova dello spaccio proprio a causa del rito speciale. La somma di denaro è di proprietà di Tizio, che la detiene legittimamente, per cui deve essergli restituita, in quanto non può ritenersi che Tizio avesse detenuto la sostanza stupefacente per fini di spaccio (per cui la somma ne sembrerebbe il prezzo) ma deve ritenersi che Tizio la detenesse per uso personale. L'applicazione della pena su richiesta, infatti, pur essendo equiparata a una sentenza di condanna, inserita quindi nel Casellario Giudiziale, non è una sentenza di condanna, talchè non comporta il riconoscimento del reato, in quanto non è una sentenza che accerti la responsabilità dell'imputato, è quindi una

sentenza atipica, sui generis, nella quale viene distinta la responsabilità dall'applicazione della pena.

Peraltro, proprio in tema di confisca, la giurisprudenza della Cassazione è costantemente orientata ad escluderne la possibilità di applicazione nella sentenza di cui all'art.444 cpp.

Pertanto Tizio dovrà proporre ricorso per cassazione, avverso la sentenza del Tribunale emessa in applicazione dell'art. 444 cpp, per violazione dell'art.240, comma 2, n.1, C.P., in quanto la somma di denaro oggetto di confisca non può ritenersi "prezzo" del reato di spaccio, reato del quale Tizio non era stato chiamato a rispondere. Nel ricorso si chiederà la cassazione parziale della sentenza impugnata, senza rinvio ad altro giudice, con dichiarazione di nullità della stessa sentenza nella parte in cui è stata illegittimamente disposta la confisca del denaro, in applicazione dell'art.620, lett.l, del cod. di proc. pen., e conseguentemente ordine di restituzione della somma a Tizio.

Voto:

Corte di Appello di Roma - 12 dic.1996.
Tema N.1.
Titolo: I carabinieri del NAS, ottemperando ad apposita circolare del competente Ministero sottopongono a sequestro -in prosieguo di tempo convalidato dal Pretore- un cospicuo quantitativo di olio di oliva, in quanto ritenuto non corrispondente alle caratteristiche stabilite in sede di Unione Europea. Il decreto di sequestro viene annullato dalla Cassazione e la circolare disapplicata poichè ritenuta illegittima. La società produttrice di olio, intendendo ottenere il ristoro dei danni subiti si rivolge ad un legale.
Il candidato, assunte le vesti di legale della società, rediga l'atto giudiziario più idoneo a tutelare le ragioni del proprio assistito, delineando gli istituti, le problematiche sottese alla fattispecie in esame.
Svolgimento.

   Tribunale Civile di Roma
    Atto di citazione

La società produttrice dell'olio, in persona del legale rappresentante p.t., con sede in Roma, Via Ics, rappresentata e difesa dall'avv.Ipsilon, presso il cui studio è elettivamente domiciliata in Roma, Via Aurelia, come da mandato in calce al presente atto, espone quanto segue:

In seguito a una circolare del competente Ministero, i NAS sottoponevano a sequestro preventivo, ex art.321, n.3 bis, cpp, un gran quantitativo di olio di olive ai danni della società istante.

Il sequestro preventivo è una misura cautelare reale volta ad evitare il pericolo che la libera circolazione di cose pertinenti ad un reato, nel caso in esame la non corrispondenza dell'olio alle direttive dell'Unione Europea, possa aggravare o protrarre le conseguenze del reato stesso.

Ma il decreto di convalida emesso dal Pretore, a richiesta del P.M., è stato impugnato direttamente in Cassazione, ex art.325, n.2, cpp. E la Corte di Cassazione ha annullato il decreto stesso per violazione di legge, tale che anche la circolare del Ministro competente è divenuta illegittima.

L'emissione della circolare da parte del Ministero, pur essendo illegittima, ha promosso l'azione dei NAS e ha dato luogo al conseguente sequestro dei beni. Il sequestro ha provocato un danno, patrimoniale e non patrimoniale, nei confronti della società produttrice dell'olio, a norma dell'art.2o43 del Codice Civile. Il sequestro, seguìto all'emissione della circolare, la quale è risultata illegittima, quindi illecita nella sua emissione, seppur colposa, infatti, ha impedito alla Società di provvedere alla vendita delle merci da essa prodotte, nei tempi in cui il mercato le richiedeva. Il fatto illecito ha provocato, quindi, un danno ingiusto nei confronti della società produttrice, la quale ha diritto al relativo risarcimento.

A tal fine deve essere valutato il danno patrimoniale, inteso quale diminuzione diretta del patrimonio nella sua consistenza, danno emergente, avendo la società sostenuto delle spese, sia legali, per ottenere l'annullamento del decreto di sequestro, sia di trasporto, per riacquistare la disponibilità delle merci sequestrate; nonchè quale diminuzione indiretta del patrimonio, lucro cessante, a causa della perdita di reddito derivata dalla mancata vendita della merce nel tempo in cui la Società ne aveva bisogno, per evidenti esigenze di mercato, ma anche di ciclo produttivo, l'interruzione del quale ha provocato la mancata consegna di merci, ovvero, l'impossibilità di adempiere a contratti precedentemente stipulati, i quali sono stati annullati e la Società ha dovuto rispondere dei danni a sua volta prodotti.

Inoltre, il Ministero competente è obbligato al risarcimento del danno non patrimoniale, derivante dalla lesione prodotta all'immagine della società, la quale è risultata inadempiente, nonchè è risultata produttrice di olio non corrispondente alle norme dell'Unione Europea; e tale lesione dell'immagine, essendo il quantitativo di merce sequestrato ingente, si è avuta sia a livello locale, che a livello nazionale, nonchè europeo, in quanto la società stessa opera anche oltre confine.

Il Ministero è tenuto al pagamento anche di una somma di denaro per maggior danno, in quanto, parte del guadagno sarebbe stato reinvestito, mentre ciò non è stato possibile, ex art.1224, C.C..

La P.A. è tenuta all'osservanza dei limiti imposti da norme di legge e dal principio del neminem laedere, mentre

l'emissione della circolare illegittima ha causato la lesione del diritto soggettivo della società produttrice dell'olio sequestrato.
Si ritiene che il fatto suesposto sia documentale.
Pertanto   CITA
Il Ministero competente, in persona del Ministro p.t., nel suo domicilio ex lege presso l'Avvocatura Generale dello Stato, in Roma, Via dei Portoghesi, 12;
a comparire davanti al Tribunale civile di Roma, in V.le G.Cesare, 54/b, sezione destinanda, all'udienza che il G.I. designato terrà il giorno 10 marzo 1997, ore di rito, e l'invita a costituirsi in giudizio nei modi e termini di cui agli artt.163 e 166 cpc, con l'avvertimento che in difetto incorrerà nelle decadenze di cui all'art. 167 cpc, per ivi sentire accogliere le seguenti conclusioni:
Voglia il Tribunale di Roma, in accoglimento della domanda: 1) dichiarare la responsabilità del Ministero competente, in persona del Ministro p.t., nella produzione del danno nei confronti della società produttrice di olio, per avere emesso una circolare illegittima; 2) conseguentemente condannarlo, ex art.2o43, C.C., al risarcimento del danno patrimoniale, comprensivo di spese sostenute e mancato guadagno, anche in relazione al reddito prodotto negli anni precedenti in L.3oo.ooo.ooo; nonchè al risarcimento del danno non patrimoniale, quale lesione gravissima all'immagine della società, risultata inadempiente e produttrice di olio non conforme alle norme comunitarie, nella misura di L.5oo.ooo.ooo o in quella somma maggiore o minore che risulterà di giustizia o da stabilirsi secondo equità, oltre interessi legali e rivalutazione monetaria dalla domanda; condannare il Ministero convenuto al pagamento in favore della società istante, di una somma di denaro da stabilirsi secondo equità, a titolo di maggior danno, per non aver potuto investire parte del guadagno mancato in ammodernamenti dell'azienda, così come stabilito dall'art.1224, C.C.; 4) condannare il soccombente al rimborso delle spese del presente giudizio, con diritti ed onorari di avvocato.
Si offrono in comunicazione i seguenti documenti: 1) circolare del Ministro; 2) decreto di sequestro; 3) Sentenza

Cassazione; 4) fatture di spese legali per il giudizio di cassazione; 5) fatture di spese per il recupero delle merci sequestrate; 6) dichiarazione dei redditi anni precedenti; 7) contratti di vendita di olio non adempiuti, dai quali risulta l'area in cui opera la società; 8) spese di ammodernamenti realizzate negli anni precedenti.
Roma, 12.12.1996   (avv. Ipsilon)

In qualità di rappresentante legale della Società produttrice di olio, delego a rappresentarmi e difendermi in questo giudizio l'avv.Ipsilon ed eleggo domicilio presso il suo studio in Roma, Via Aurelia, con tutte le facoltà di legge.
Voto: 25.

1) Tizio concorre con Caio nel trasferire all'estero denaro proveniente da spaccio di cocaine compiuto da altri. Tratto a giudizio, viene condannato, in contumacia, ad anni 6 di reclusione e £ 15.000.000 di multa per i delitti di cui all'art. 648 bis, C.P., e 379, C.P.
Tizio si rivolge ad un legale per decidere il da farsi.
Il candidato, premessi brevissimi cenni sul concorso tra norme e sul principio di specialità, assunte le vesti del legale, rediga motivato parere, illustrando la problematica sottesa alle fattispecie in esame.

2) Tizio, impiegato presso il Ministero X, viene convinto da Caio a redigere, nello stilare informazioni interne - dirette al superiore gerarchicamente competente ad adottare il provvedimento amministrativo - una nota, falsa nel contenuto, al fine di favorire il rilascio di una autorizzazione ad un comune amico.
Preoccupato per le conseguenze delle sue azioni, Caio si rivolge ad un legale.
Il candidato, premessi brevi cenni sulle possibili qualificazioni giuridiche del reato, assunte le vesti del legale, rediga parere motivato, illustrando la problematica sottesa alle fattispecie in esame.

Corte di Appello di Roma - 10 dic.1997.
Tema N.1.
Titolo: Tizio, separato di fatto, dalla moglie Caia, sin dal 1968, trascorsi 21 anni dalla separazione, chiede a Caia e Mevia di rilasciare una dichiarazione dalla quale risulti che l'immobile sito in X è di sua esclusiva proprietà. Asserisce, infatti, Tizio di avere acquistato detto immobile da Mevia, con rogito del 19.12.1983, ma che detto atto di vendita dissimulava, in realtà, una donazione, come era da desumersi da una scrittura privata del 20.12.1980, controfirmata da tale Sempronio, con cui Mevia dichiarava di donare tutti gli immobili di sua proprietà a Tizio, in cambio delle cure che egli le andava prestando. Tizio chiede dunque che, a conferma di quanto avvenuto, venga rilasciata adeguata dichiarazione da cui risulti la simulazione e l'inefficacia della compravendita e, al contempo, la validità ed efficacia della donazione dissimulata. Mevia aderisce spontaneamente a quanto richiesto da Tizio. Caia, invece, sostenendo di essere separata solo di fatto e in comunione dei beni e contestando che fosse intervenuta donazione, si oppone alla richiesta e afferma che, in ogni caso, si tratta di donazione a lei non opponibile.
Tizio si reca da un legale, cui fa presente, tra l'altro, di essere in possesso, a riprova del suo diritto, di copia di un testamento olografo, datato 2.12.1983, consegnato a mani del notaio Sempronio, con il quale Mevia lasciava ad esso Tizio tutti i suoi beni a condizione che egli si fosse curato di lei in vita. Il candidato, assunte le vesti di legale di Tizio, rediga motivato parere, illustrando le problematiche sottese alla fattispecie in esame.
Svolgimento.
A norma dell'art.3, n.2, lett.b, della legge 1 dicembre 1970, n.898, come sostituito dall'art.4 della legge 6 marzo 1987, n.74, Tizio, essendo separato di fatto dal 1968 e cioè da due anni prima del 18 dicembre 1970, può chiedere la cessazione degli effetti civili del matrimonio, con ricorso presso il Tribunale del luogo in cui risiede Caia.
Nel ricorso Tizio chiederà la pronuncia di separazione giudiziale dei beni, a norma dell'art.193 cod.civ., per quanto gli effetti della sentenza retroagiscano al solo momento della

proposizione della domanda. Ma avrà comunque valore per il futuro. Al contempo Tizio dovrà adire il Tribunale Civile del luogo ove è sito l'immobile, ex art.21 cpc., per ottenere una sentenza dichiarativa con la quale venga stabilita l'efficacia della donazione dissimulata, conseguente alla dichiarazione di simulazione e inefficacia della compravendita. Tizio dovrà citare in giudizio sia Mevia, sia Caia, nei cui confronti dovrà valere la sentenza.

L'efficacia della donazione, che è un contratto a titolo gratuito, sarà dimostrata nel senso che il contratto effettivamente posto in essere, con il rogito del 19.12.1983, è la donazione, mentre la vendita in realtà non esiste. E ciò in quanto Mevia ha manifestato il suo animus donandi in maniera ineccepibile, poiché in precedenza aveva dichiarato di donare gli immobili di sua proprietà a Tizio, con scrittura privata del 20.12.1980 e successivamente aveva consegnato al notaio Sempronio, il quale probabilmente aveva sottoscritto anche la scrittura privata, un testamento olografo in data 2.12.1983, con il quale Mevia lasciava a Tizio i suoi beni a condizione che egli si fosse curato di lei in vita.

La donazione, per come fu stipulata con la scrittura privata, rientra evidentemente nella fattispecie delle donazione rimuneratoria, così come previsto dall'art.770 C.C., fatta cioè per riconoscenza o per speciale remunerazione.

Infatti è una valutazione di merito l'accertamento che, con una scrittura privata precedente l'atto pubblico di vendita, simulato per mancata corresponsione del prezzo, le parti volessero in realtà porre in essere una donazione, la quale assume i caratteri remuneratori per il passato e modali per il futuro. La condizione di prendersi cura di Mevia, da parte di Tizio, non equivale al corrispettivo, essendo tali cure di natura non onerosa e prestate per di più spontaneamente da Tizio.

In effetti, tutti i documenti dimostrano l'effettiva volontà di Mevia, di donare i suoi beni a Tizio, compresa l'adesione spontanea a quanto richiesto da Tizio e cioè una dichiarazione da cui risulti che l'immobile sito in località X sia di sua esclusiva proprietà. La scrittura privata è anteriore alla vendita simulata ed è controfirmata da Sempronio, che in corso di causa potrebbe anche risultare il notaio presso cui Mevia ha depositato il proprio testamento. Lo stesso testamento ha e avrà pieno valore, contribuendo a convalidare l'animus donandi di Mevia.

Caia, da parte sua, potrà opporre la persistenza della comunione dei beni con Tizio, seppure separata di fatto dal 1968. Nonché potrà opporre la mancanza di conoscenza della scrittura privata attestante la donazione e la sua buona fede nella convinzione di essere comproprietaria dell'immobile.

Tali eccezioni rilevabili da parte di Caia saranno sottoposte a prove testimoniali e, infine, il convincimento del giudice dirimerà la questione.

Voto:

Corte di Appello di Roma - 11 dic.1997.
Tema N.2.
Titolo: Tizio, impiegato presso il Ministero X, viene convinto da Caio a redigere, nello stilare informazioni interne – dirette al superiore gerarchicamente competente ad adottare il provvedimento amministrativo – una nota, falsa nel contenuto, al fine di favorire il rilascio di una autorizzazione a un comune amico. Preoccupato per le conseguenze della sua azione, Caio si rivolge a una legale.
Il candidato, premessi brevi cenni sulla possibile qualificazione giuridica del reato, assunte le vesti del legale, rediga parere motivato, illustrando le problematiche sottese alla fattispecie in esame.
Svolgimento.
Il fatto in oggetto dovrebbe rientrare nella fattispecie prevista dagli artt.110 e 479 C.P., che disciplina il concorso nel reato di falsità ideologica, derivante dalla redazione di un atto pubblico, il cui contenuto non sia corrispondente al vero, commesso da una pubblico ufficiale nell'esercizio delle sue funzioni.
La nota interna, diretta al superiore competente ad emettere il provvedimento amministrativo, è di per sé atto pubblico, seppure interno, in quanto è destinata a inserirsi con il suo contenuto di conoscenza e di determinazione nel procedimento amministrativo. Nella nozione di atto pubblico, infatti, non ha rilevanza la distinzione fra gli atti per uso interno e atti destinati ad avere efficacia verso il pubblico, perché anche i primi hanno rilevanza ed efficacia probatoria. Seppure, infine, la nota interna sia dotata di autonomia funzionale rispetto all'atto finale, emesso da altro pubblico ufficiale, da cui si distingue in toto, anche l'atto preparatorio ha natura pubblica.
Poiché la redazione materiale della nota dal contenuto falso è stata opera di Tizio, si applica al caso di specie l'istituto previsto dall'art.110 C.P. relativo al concorso di persone nel reato, tale che ogni partecipante al fatto criminoso soggiace alla pena stabilita per il reato commesso.
La costituzione dell'istituto del concorso nel reato non riguarda soltanto l'esecuzione materiale dell'atto, bensì anche la partecipazione morale di chi determina e rafforza il

proposito delittuoso sostenendo l'opera dell'esecutore materiale.

Quindi, sia Tizio che Caio potranno essere chiamati a rispondere del concorso nel reato di falsità ideologica, come previsto dagli artt.110 e 479 del Cod.Pen., punito con la reclusione da uno a sei anni.

La previsione dell'art.323 C.P., che punisce l'abuso di ufficio, non trova applicazione al caso in esame, ove il fatto venga qualificato come costituente il più grave reato del falso ideologico, di competenza del Tribunale.

La linea difensiva, eventualmente da sostenere, se il fatto viene svelato e viene formulata l'imputazione nei termini suddetti; ove non sia possibile dimostrare l'innocenza di Caio, sostenendo la sola presenza passiva al fatto, la mera consapevolezza, senza alcun apporto concreto, per cui sia possibile giungere a una sentenza di non luogo a procedere nell'udienza preliminare; ove cioè venga emesso il decreto che dispone il giudizio di entrambi gli autori del reato, la soluzione che più si ritiene conveniente per Caio è quella di addivenire alla richiesta di applicazione della pena ex art.444 cpp., tenuto conto delle circostanze attenuanti generiche ex art.62 bis C.P. e ulteriormente diminuita di un terzo la pena per la scelta del rito e cioè, pena base un anno; diminuita di un terzo ex art.62 bis C.P. otto mesi; diminuita di un terzo ex art.444 cpp., 160 giorni, previa concessione della sospensione condizionale della pena.

Dovrà tenersi conto del fatto che il procedimento speciale di cui agli artt.444 e seguenti cpp., pur non potendo essere considerato ammissione di colpevolezza, è comunque una condanna; pertanto non esclude l'insorgenza di un procedimento disciplinare nei confronti del dipendente della P.A., il quale prevede anche la sospensione dal servizio fino a un massimo di sei mesi.

Voto:

Corte di Appello di Roma - 12 dic.1997.
Tema N.3.
Titolo: Con delibera del 29 aprile 1987, il Comune di Alfa dà mandato al Sindaco di occupare in via d'urgenza terreni idonei a consentire la realizzazione di un intervento di edilizia sovvenzionata nel quartiere X, conformemente al relativo piano di zona per l'edilizia popolare ed economica. In esecuzione del mandato ricevuto, il Sindaco emana decreto di occupazione di urgenza, in data 30 luglio 1987, di parte dei terreni, non meglio precisati, siti al mappale 7143 del nuovo catasto terreni del predetto Comune, di proprietà della società Beta. La società, ritenendo illegittimo il comportamento del Comune, si rivolge a un legale per la tutela dei propri diritti.

Il candidato, assunte le vesti del legale, rediga l'atto ritenuto più idoneo a sostenere le ragioni del proprio assistito, delineando gli istituti e le problematiche sottesi alla fattispecie in esame.

Svolgimento.
Tribunale Amministrativo Regionale del X
Ricorso.
Per la società Beta, in persona del legale rappresentante p.t., con sede in Alfa, quartiere X, rappresentata e difesa dall'avv.Y, presso il cui studio è elettivamente domiciliata, come da mandato in calce al presente atto;
contro: Comune di Alfa, in persona del Sindaco p.t., in Alfa, Via X.
Per l'annullamento della delibera del 29.4.1987 emessa dal Comune di Alfa, nonché per l'annullamento del Decreto di occupazione di urgenza del 30.7.1987, emesso dal Sindaco del Comune di Alfa, non notificato.
Fatto: Con decreto emesso in data 30 luglio 1987, in seguito alla delibera comunale del 29 aprile 1987, il Sindaco del Comune di Alfa ha ordinato la occupazione di urgenza di parte dei terreni siti al mappale 7143 del catasto del predetto Comune. I terreni cui il detto decreto fa riferimento sono di proprietà della società ricorrente.
Diritto:
1) Violazione e mancata applicazione dell'art.10 della legge n.865/71.

Il Comune, come prescritto dall'art.10 della citata legge, doveva depositare i documenti prescritti, tra i quali quelli relativi alla indicazione delle aree da espropriare, ponendoli a disposizione degli interessati, ai quali il Sindaco doveva dare comunicazione. Non essendo stati depositati i detti documenti, né essendo stata notificata la relativa comunicazione, il Comune è incorso nella violazione della norma, rendendo nulla la successiva procedura.

2) Violazione e mancata applicazione degli artt.11 e 12, L.865/71.

Il Sindaco, con decreto, dichiarando la pubblica utilità delle opere, doveva indicare la misura dell'indennità di espropriazione a titolo provvisorio. L'ammontare della detta indennità doveva essere notificato agli espropriandi, i quali potevano convenire la cessione dell'immobile o dovevano comunicare l'accettazione della stessa indennità, nel termine stabilito di 30 gg..

Poiché nel decreto del Sindaco sono state omesse le suddette indicazioni, né è stata notificata la determinazione dell'indennità, il decreto stesso è illegittimo.

3) Violazione dell'art.13, L.865/71.

Il Sindaco, inoltre, doveva pronunciare l'espropriazione, con decreto, sulla base dei dati risultanti dalla documentazione di cui all'art.10. Cioè, nel decreto di espropriazione, quale provvedimento definitivo, dovevano essere specificamente indicate le aree sottoposte ad espropriazione, essendo genericamente indicate.

4) Violazione dell'art.20, L.865/71.

La norma indicata prescrive che il decreto di espropriazione perda efficacia se l'occupazione non segue entro tre mesi dalla sua emanazione.

Il decreto del Sindaco, impugnato, non è stato notificato e gli interessati nel sono venuti a conoscenza soltanto nel mese di dicembre 1997.

Si ritiene pertanto, che essendo trascorsi oltre 10 anni dall'emissione del decreto del 30.7.1987, lo stesso sia divenuto inefficace.

5) Violazione dell'art.834 Cod.Civ..

La norma del codice civile prevede espressamente che nessuno può essere privato dei beni di sua proprietà, se non per causa di pubblico interesse, legalmente dichiarata e contro il pagamento di una giusta indennità.

Nel caso in esame, non essendo stata dichiarata la pubblica utilità, né essendo stata determinata alcuna somma da corrispondere a titolo di indennità provvisoria, il provvedimento impugnato è in violazione anche della citata norma, perciò illegittimo.

6) Illegittima deve ritenersi anche la delibera comunale in quanto premessa di un provvedimento nullo.

Pertanto, si conclude:

Voglia il Tribunale Amministrativo Regionale, in accoglimento della domanda, dichiarare la nullità della Delibera del Comune di Alfa del 29.4.1987, nonché la nullità e l'inefficacia del Decreto del Sindaco del Comune di Alfa del 30.7.1987, per i motivi suesposti.

In via incidentale, si chiede che il Tribunale, con ordinanza in camera di consiglio, Voglia sospendere l'esecuzione dei suddetti provvedimenti, dai quali potrebbe derivare grave e irreparabile danno, in quanto, pur essendo emessi in difformità delle vigenti leggi ed essendo ormai inefficaci, il Comune intende metterli in esecuzione.

Si allegano: copia della delibera del 29.4.87; copia del decreto del 30.7.87; copia atti di proprietà.

Alfa, 12.12.1997 (avv.Y)

In qualità di rappresentante legale della società Alfa, delego a rappresentarmi e difendermi l'avv.Y ed eleggo domicilio presso il suo studio in Alfa, Via X, con tutte le facoltà di legge. (firma)

Vera la firma
(avv.Y)

Si notifichi a: Comune di Alfa, in persona del Sindaco p.t.

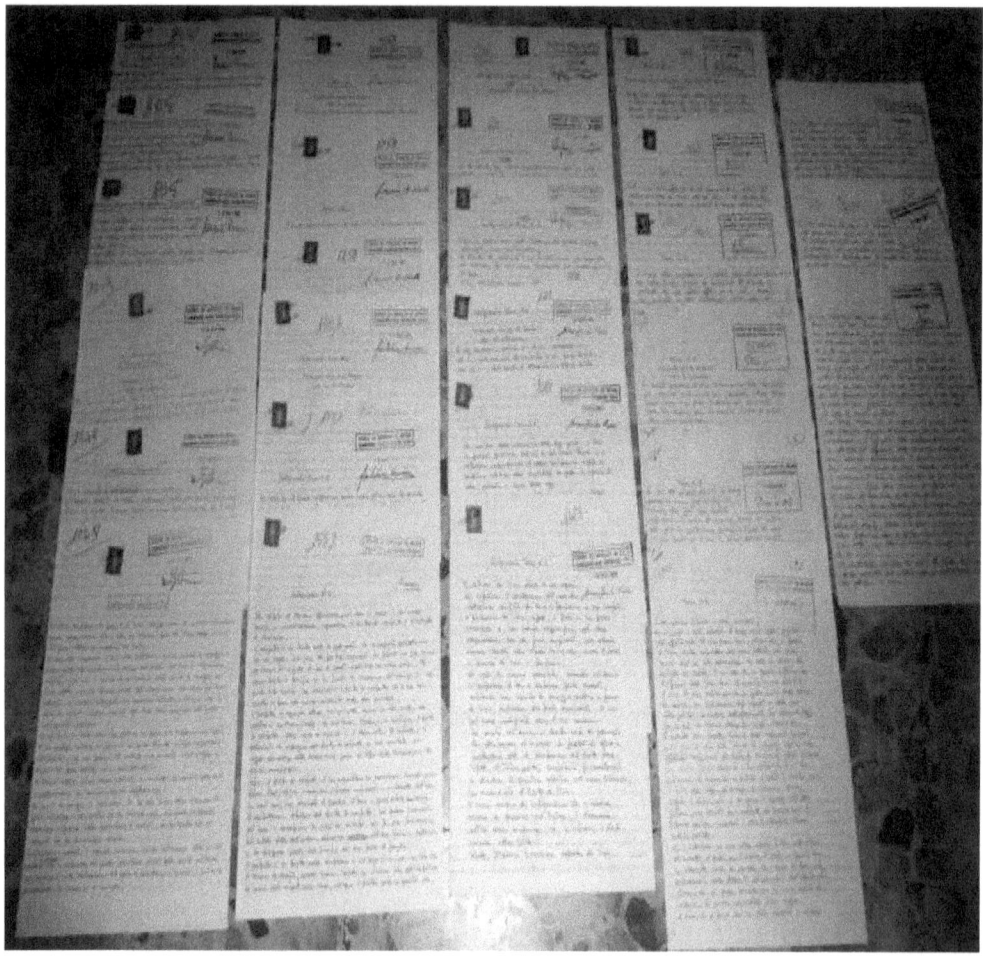

L'ESAME ORALE

In data 20 settembre 1996, alle ore 14,30, andai a sostenere la prova orale dell'esame di stato per avvocati. Dopo ben NOVE anni di pratica finalmente fui ammesso agli orali, con il minimo sufficiente dei voti 30-30-30.
I cinque commissari della seconda sottocommissione mi sottoposero a una serie di domande incrociate per circa un'ora alle quali risposi, affrontando i sottoindicati argomenti, nelle materie di diritto civile, diritto penale, diritto processuale civile, diritto processuale penale, diritto del lavoro, ordinamento forense. Le domande e le questioni affrontate non risultano dai verbali di esame e furono le seguenti:
"Simulazione, contratto in frode alla legge e in frode ai creditori, principio di buona fede, risarcimento del danno, negozio giuridico e contratto, diritto di prelazione, nullità; Imputabilità, legittima difesa, stato di necessità, tentativo, concorso di persone nel reato; Competenza nel processo penale, indagini preliminari; Competenza nel processo civile, comparsa conclusionale e precisazione delle conclusioni, domanda riconvenzionale; Contratti collettivi, diritto di sciopero, retribuzione del lavoratore, prescrizione del credito; Procedura di sfratto; Consiglio dell'ordine".
Durante il detto esame orale, il quale consiste "nella discussione, dopo una succinta illustrazione delle prove scritte, di brevi questioni relative a cinque materie" dimostrando di conoscere i principi fondamentali del diritto e la loro applicazione pratica, così come stabilito dall'art.3 della legge n.242/88: mi fu impedito di commentare i miei elaborati in quanto non mi fu permesso di prenderne visione e venne insinuato che non fossero stati svolti da me; non mi fu permesso neanche di leggere il titolo del tema, ma mi fu consegnato un vago schema dal quale ricavare la traccia e fare commenti a dieci mesi di distanza dallo svolgimento e dopo aver redatto ben 24 temi negli otto anni trascorsi. Mentre esprimevo il mio parere circa il "principio di buona fede", rilevando che vi è anche il "principio del

risarcimento del danno", mi fu detto che quella non era la risposta alla domanda. Mi fu anche impedito "di ricercare" l'articolo del codice sul diritto di prelazione attraverso l'indice. "Se si conosce il codice non si ha bisogno di consultare l'indice", proclamò il Presidente. Mi fu impedito di esporre una mia considerazione dottrinale a proposito del diritto di sciopero in relazione allo stato di necessità e al principio del tentativo, perchè "il tempo stabilito per l'esame non è molto", disse il Presidente.

La commissione, così, ritenne di valutarmi, dopo nove anni dalla laurea e di pratica forense, ancora una volta non idoneo; e mi liquidò con il voto di 110 così suddiviso: diritto civile 15, procedura penale 20, procedura civile 15, diritto del lavoro 20, diritto penale 20, ordinamento forense 20; emettendo un provvedimento incompleto in quanto mancante delle domande fatte e delle dichiarazioni dei punti assegnati da ciascun commissario, corretto nel voto di diritto civile da 20 a 15, senza alcuna motivazione e con eccesso di potere.

I RICORSI

Per ogni sessione di esame ho proposto ricorso al Tribunale Amministrativo avverso la illegittima valutazione delle prove scritte.
In più occasioni il TAR Lazio ha deciso secondo legge e ha accolto i miei ricorsi. Tuttavia, di fronte all'inadempimento perseverante posto in essere dall'Ordine forense e anche dalle Commissioni di esame, che si sono rifiutate e si rifiutano di adempiere alle decisioni dei tribunali, gli stessi tribunali hanno finito per contraddire e negare se stessi.

Andare ora a ripercorrere quelle vicende giudiziarie alle quali ho dedicato l'intera vita è veramente sconfortante. Decenni di ricorsi e montagne di scritti stracciati con decisioni incomprensibili, contrarie persino all'evidenza.

1993

Il giorno 16.12.1993 mentre ero nella sala dell'Hotel Ergife per sostenere la terza prova scritta dell'esame da procuratore legale, alle ore 13,40, avendo terminato il compito, che lasciavo sul banco n.270, mi affacciavo alla porta della sala, in un atrio chiuso e non comunicante con l'esterno, per mangiare un panino come tutti gli altri candidati facevano. La detta porta era aperta.
Immediatamente venivo apostrofato da un commissario che minacciava di farmi perquisire, al quale opponevo il mio rifiuto perché la perquisizione mi appariva arbitraria e perciò illegittima. Cinque carabinieri mi circondarono impedendomi il movimento. A quel punto mi dichiarai pronto alla perquisizione, come fu verbalizzato, ma i Commissari avevano già deciso di espellermi, come poi fecero.
– Ma veramente volete farmi questo? Chiesi.
- Lei poi farà ricorso al TAR. Risposero.
Quindi mi condussero fuori della sala d'esame dell'Albergo.

E dunque mi rivolsi al TAR con ricorso n.1733/94, notificato il 24=26.1.1994. Lo stesso TAR, con ordinanza n.563/94 del 9.3.1994, in accoglimento della domanda incidentale di sospensione, mi ammise alla correzione dei compiti redatti in quella sessione di esami nei giorni 14, 15, 16 dicembre 1993.

In sede di revisione delle mie prove scritte, nelle mani della stessa Commissione che mi aveva espulso, riportavo i seguenti voti, pubblicati il 5.6.1994: parere motivato in materia civile, voto 20; parere motivato in materia penale, voto 20; redazione di un atto di citazione, voto 30. Veniva assegnato il voto complessivo di 70, con conseguente non ammissione agli orali, essendo il minimo 90.

Proposi perciò nuovo ricorso avverso il suddetto provvedimento, per i seguenti

motivi:

1) Eccesso di potere e violazione della legge 27.6.1988 n.242, art. 5 (che sostituisce l'art.22 R.D.n.37/34).

Nel dare il predetto punteggio in violazione alla legge 27.6.88 n.242 art.5, che obbliga a chiudere in busta unica i tre compiti recanti lo stesso numero e di mescolare fra loro le buste contenenti gli elaborati dei vari candidati per garantirne l'anonimato, con eccesso di potere, la Commissione ha posto in correzione i compiti da me svolti con verbale apposito, omettendo di inserire i miei temi in unica busta e senza provvedere al "mescolamento" con le altre. Per mantenere il punto sulla espulsione la Commissione ha poi conferito voti insufficienti, con l'intento di giustificare a posteriori la condotta illecita commissiva dei reati di sequestro di persona, abuso di atti di ufficio e minacce. La valutazione dei temi, in esecuzione dell'ordinanza del TAR notificata alla Commissione il 23.3.94 è avvenuta solo il 24.5.94, a due mesi dalla ordinanza e solo a seguito di mia istanza presentata alla stessa Commissione il 28.4.94. Inoltre, per esaminare e leggere i tre elaborati, scrivere il verbale, discutere sul voto, la Commissione ha impiegato appena 40 minuti.

2) Eccesso di potere e violazione del R.D. n 37 del 22.1.1934 art.18, 2°comma e art.21, 2° e 3°co.

In base a quest'ultimo articolo, "i temi debbono essere formulati in modo che il candidato possa dimostrare la conoscenza dei principi teorici e l'attitudine a farne applicazione ai casi pratici". Ciò avevo ha fatto, come è agevole constatare leggendo i miei elaborati. La parzialità e arbitrarietà dei giudizi si rileva anche dal fatto che per il lavoro di cui il TAR ha disposto l'ammissione alla correzione la Commissione ha assegnato il voto "30", e per gli altri due ha assegnato un punteggio tale da escludere il Calbi dalla ammissione agli orali. È il caso di conoscere la motivazione e il criterio di valutazione.

3) Eccesso di potere e violazione della L. 7.8.90 n.241 art.3 e dell'art.27 R.D. n.37 del 22.1.1934.

A norma di detta legge "la motivazione deve indicare i presupposti di fatto e le ragioni giuridiche che hanno determinato la decisione". Nella fattispecie la Commissione, consapevole di poter impunemente esprimere un voto numerico senza doverne dar conto, in aperta violazione della detta legge, ha compiuto l'eccesso di potere di assegnarmi un numero di punti inferiore a quanti ne dispone ciascun commissario (dieci punti ciascuno) dando così punti 20 e 20 ai lavori da me svolti.

Pertanto si concludeva per l'annullamento dei giudizi emessi dalla Commissione relativi ai due lavori, che si esibivano in copia e per l'ammissione alle prove orali.

Il TAR Lazio, accoglieva il ricorso e con sentenza n.824/1996, ordinava il riesame dei miei temi, anche con commissario ad acta, in quanto non era stato garantito l'anonimato, essendosi riunita la stessa Commissione che mi aveva espulso per valutare esclusivamente le mie prove. Il TAR tuttavia non mi ammise con riserva agli orali, come pure era stato chiesto. Il Ministero della Giustizia propose addirittura appello al Consiglio di Stato che fu respinto.

Poiché nessuno intendeva adempiere, anche a seguito di atto di messa in mora, è stato proposto ricorso per l'esecuzione del giudicato. Il Consiglio di Stato ha nominato il Presidente del Tribunale di Roma quale Commissario ad acta, con il compito di nominare una nuova Commissione che rinnovasse il giudizio sui miei scritti.

Avv. NICOLA CALBI
Via Capraia 75 sc. 1/4
00151 Roma
Tel. 8180961 - 6185739
(abitaz.) 530542

N. 635/99

Reg.Dec.

N. 3528 Reg.Ric.

Anno: 1998

REPUBBLICA ITALIANA

IN NOME DEL POPOLO ITALIANO

Il Consiglio di Stato in sede giurisdizionale (Sezione Quarta) ha pronunciato la seguente

DECISIONE

sul ricorso proposto dal dott. Francesco CALBI, rappresentato e difeso dall'avv. Nicola Calbi presso cui elegge domicilio in Roma, Via Capraia n.75;

contro

il Ministero di Grazia e Giustizia in persona del Ministro pro-tempore rappresentato e difeso dall'Avvocatura Generale dello Stato cui per legge domicilia in Roma, via dei Portoghesi n.12;

per l'esecuzione del giudicato

contenuto nella decisione n.316 del 20 febbraio 1998 della IV° Sezione del Consiglio di Stato;

Visto il ricorso con i relativi allegati;

Visto l'atto di costituzione in giudizio dell'Amministrazione intimata;

Viste le memorie prodotte dalle parti a sostegno delle rispettive difese;

Visti gli atti tutti della causa;

Udito in camera di consiglio del 27 ottobre 1998 la relazione del Consigliere Filoreto D'Agostino e uditi, altresì, l'avv. Calbi, per il ricorrente e l'avvocato dello Stato Caputi Jambrenghi, per l'amministrazione resistente.

Ritenuto e considerato in fatto e in diritto quanto segue.

FATTO

Con decisione n.316 del 20 febbraio 1998, questa Sezione rigettava l'appello principale proposto dal Ministero di Grazia e Giustizia avverso la pronuncia 23 maggio 1996 n.824 della I° Sezione del Tribunale Amministrativo Regionale del Lazio, con la quale, in riunione dei ricorsi di primo grado n.1733/94 e 1025/94, erano stati annullati sia il provvedimento di esclusione del dottor Francesco Calbi dagli esami di procuratore legale sia il giudizio negativo con riserva alle prove scelte scritte e del conseguente diniego di ammissione alle prove orali.

Con atto di messa in mora del 4 febbraio 1998 il dottor Francesco Calbi richiedeva all'Amministrazione di Grazia e Giustizia di procedere alla esecuzione della decisione.

Il Ministero non ha provveduto sicché con ricorso depositato il 15 aprile 1998, l'esponente ha richiesto l'esecuzione del giudicato.

L'Amministrazione intimata si è costituita.

Alla camera di Consiglio del 27 ottobre 1998, la vertenza è stata trattenuta in decisione.

DIRITTO

Con il ricorso per l'esecuzione del giudicato, il dottor Francesco Calbi richiede che, in adempimento della decisione n.316 del 20 febbraio 1998 di questa Sezione, questo Consiglio ordini al Ministero

affrontarle con la massima serenità d'animo.

Il lungo tempo intercorso dall'esclusione del ricorrente dagli esami per procuratore legale e la mancata volontaria esecuzione da parte del Ministero impongono di non frapporre ulteriori indugi alla diretta nomina di un Commissario ad acta, che costituisca la Commissione giudicatrice ad hoc.

Viene nominato Commissario ad acta, ai fini e agli effetti suindicati, il Presidente del Tribunale di Roma.

Le spese seguono la soccombenza.

P. Q. M.

Il Consiglio di Stato in sede giurisdizionale, Sezione Quarta, dispone sia data piena e integrale esecuzione alla propria decisione n.316 del 20 febbraio 1998 e, per l'effetto, nomina il Presidente del Tribunale di Roma Commissario ad acta, perchè costituisca apposita Commissione che, in sostituzione della Commissione d'esame per procuratore legale presso la Corte d'Appello di Roma per l'anno 1993, rinnovi il giudizio sugli elaborati del dottor Francesco Calbi e, qualora ritenga tali elaborati utili per l'ammissione alle prove orali, sottoponga il candidato a queste ultime.

Assegna per l'incombente giorni novanta dalla comunicazione in via amministrativa della presente decisione.

Condanna l'Amministrazione alle spese del giudizio che, comprensive di diritti e onorari liquida in complessive lire 3.000.000 (tremilioni).

Rinvia la determinazione del compenso per il Commissario ad

Tuttavia il Presidente del Tribunale in veste di Commissario straordinario ha ritenuto di nominare gli stessi componenti del Consiglio dell'Ordine di Roma quali membri della nuova Commissione, con il Presidente dell'Ordine degli avvocati dell'epoca nella veste di Presidente della Commissione.

Ovvero, la situazione era la seguente:
1) La Commissione di esame mi aveva espulso;
2) Il TAR Lazio mi aveva riammesso alla correzione;
3) Il Ministero della Giustizia aveva proposto appello;
4) Il Consiglio di Stato aveva respinto l'appello e confermato la riammissione alla correzione, per cui la sentenza del TAR era divenuta definitiva, era passata in giudicato;
5) Il Ministero della Giustizia non aveva provveduto ad adempiere;
6) Avevo notificato un atto di diffida e messa in mora, senza esito;
7) Con ennesimo atto proponevo ricorso al Consiglio di Stato per l'esecuzione del giudicato;
8) Con sentenza n.635/1999, il Consiglio di Stato nominava il Commissario ad acta perché costituisse una nuova Commissione d'esame, indicato nella persona del Presidente del Tribunale di Roma;
9) Il Presidente del Tribunale di Roma provvedeva a costituire la nuova Commissione con i membri dello stesso Ordine degli avvocati di Roma che mi avevano prima espulso e poi giudicato negativamente.
Il seguito è stato acrobatico.

TRIBUNALE DI ROMA

IL PRESIDENTE DEL TRIBUNALE DI ROMA

vista la decisione n.635/1999 con cui il Consiglio di Stato lo ha nominato "commissario ad acta" per la costituzione di un'apposita Commissione che, in sostituzione della Commissione d'esame per procuratore legale presso la Corte di appello di Roma per l'anno 1993, rinnovi il giudizio sugli elaborati del dr. Francesco Calbi

P.Q.M

nomina quali componenti la Commissione i Signori:

Avv. Prof. Filippo Lubrano, Presidente
Avv. Giogio Palenzona, Componente
Avv. Domenico Battista, Componente supplente
Avv. Leonella Leone Componente supplente
Prof. Giovanni Giacobbe, Componente
Prof. Michele Tamponi, Componente supplente
Cons. Alberto Bucci, Componente
Cons. Fausto Severini, Componente
Cons. Giovanni Mannarini, Componente supplente
Cons. Maria Gurrieri, Componente supplente

La Commissione è incaricata di rinnovare il giudizio sugli elaborati redatti dal dr. Francesco Calbi negli esami per procuratore legale presso la Corte di appello di Roma per l'anno 1993, richiedendoli in copia alla Direzione generale per gli affari civili e le libere professioni del Ministero di grazia e giustizia; è incaricata altresì di sottoporre, qualora ritenga gli elaborati utili per l'ammissione alle prove orali, il candidato a queste ultime; il tutto su iniziativa del Presidente, Avv. prof. Lubrano, e in conformità alla decisione richiamata in premessa.

Copia del presente provvedimento è rimessa al Consiglio di Stato – Segretario della IV sezione, al Ministero di grazia e giustizia – Direzione generale degli affari civili e delle libere professioni – Uff. VII, al dr. Calbi e ai componenti della Commissione.

Roma, 21 luglio 1999

Il Presidente del Tribunale Ordinario
(Luigi Scotti)

A quel punto, consapevole dell'esito che avrebbe avuto il riesame, scrissi una lettera proprio al Presidente dell'Ordine degli avvocati di Roma, nella sua veste di nuovo Presidente della Commissione che aveva il compito di riesaminare le mie prove scritte dell'esame di stato. Con detta lettera narravo la mia lunga vicenda e tra l'altro chiedevo al Presidente dell'Ordine di Roma e Presidente della nuova Commissione di pubblicare gli scritti del suo esame di stato, per dare un riferimento a tutti i candidati e per imparare da più alto rango.

In risposta alla mia nota, il Presidente dell'Ordine di Roma, nella sua nuova qualifica di Presidente della Commissione d'esame nominato dal Presidente del Tribunale di Roma in veste di Commissario ad acta, cosa fa?

Anziché pubblicare i suoi scritti, si è infuriato e ha stravolto il diritto.

In sede di riunione della nuova Commissione, dunque, il Presidente ha riferito che "avendo ricevuto la (mia) nota ... contenente sollecitazioni in ordine alla procedura con espressioni che dovrà portare all'esame del Consiglio dell'Ordine per le relative determinazioni, ritiene sussistenti <u>motivi anche di opportunità che lo determinano ad astenersi dalla presente procedura</u>".

In primo luogo, non vi è mai stata alcuna "determinazione" del Consiglio dell'Ordine, che non avrà mai neanche ricevuto la mia lettera.

Comunque, il Presidente si è astenuto, ma anziché andar via e rimettere il mandato al Commissario ad acta che lo aveva nominato, come chiunque si astenga dal proprio incarico, si è sostituito al predetto e ha addirittura invitato "quindi il primo componente supplente ad assumere la presidenza". Soltanto dopo si è allontanato. E il componente supplente ha assunto la presidenza.

In base a quale norma chiunque si dimetta provvede anche a nominare il proprio successore?

Non esiste nessuna norma del genere. Non è prevista alcuna procedura del genere.

Verbale n° 2 della Commissione nominata con provvedimento del Presidente del Tribunale di Roma in data 21.7.99 in esecuzione della decisione della IV sez. del Consiglio di Stato n° 635/1999.

Il giorno 28 ottobre 1999 alle ore 13.30 si è riunita a seguito di regolare convocazione in data 18.10.99 disposta dal Presidente Ti Nolose la Commissione nominata con provvedimento del Presidente del Tribunale di Roma in data 21.7.99.

Sono presenti:
Avv. Filippo LUBRANO Presidente
Avv. Giorgio PALENZONA Comp.Te
Avv. Domenico BATTISTA Comp.Te Supp.te
Avv. Leonello LEONI Comp.Te Supp.te
Prof. Giovanni GIACOBBE Comp.te
Prof. Michele SANDPONI Comp.Te Supp.te
Cons. Alberto BUCCI Comp.te

Cons. Donato Sovrini. Componente
D.ne Fiorella BATTAGLIA Segretaria.
Il Presidente Lubrano riferisce
che, avendo ricevuto le note (1)*
in data 5.10.99 contenenti
sollecitazioni in ordine alle
procedure con espressioni
che dovrà portare all'esame
del Cons. dell'Ordine per
le relative determinazioni,
ritiene sussistenti motivi
anche di opportunità che
lo determinano ad aste-
nersi dalla presente procedura.
Invita quindi il primo Componente Supplente Avv. Domenico
BATTISTA ad assumere le
presidenza = l'Avv. Lubrano si allontana
[?] L'Avv. Domenico BATTISTA
assume le presidenza e
rileva che sono presenti l'Avv.
Giorgio Palenzo ne' Componente
Effettivo, il Prof. Giovanni
GIACOBBE Componente effettivo
il Cons. Alberto BUCCI Compo-

nei singoli elaborati il candidato consegue il punteggio complessivo di 75 (settantacinque), inferiore al punteggio minimo previsto dalle vigenti disposizioni per essere ammesso alle prove orali.

Avendo la Commissione esaurito le sue funzioni rimette gli atti al Presidente del Tribunale di Padova Cons. Luigi Scotti nella sua qualità di "Commissario ad acta" unitamente al presente verbale.

*(1) adde "del dott. Francesco Colbi". - postilla approvata

Del che il presente verbale è chiuso alle ore 15.45 e sottoscritto da tutti i componenti della Commissione e dal Segretario.

Domenico ~~~~~
Giorgio ~~~~~

L'esito così fu scontato. La nuova valutazione è stata nuovamente insufficiente.

I ricorsi conseguenti sono stati respinti.

E tale vicenda giudiziaria è stata richiamata anche dalla sentenza penale di assoluzione.

Fu proposto ancora un ricorso al Consiglio di Stato in corso di esecuzione del giudicato, che con l'ennesima sentenza n.1834/2000 ha ritenuto che:

"il comportamento del Presidente della Commissione è stato prudente e corretto, rivolto comunque a consentire la rapida conclusione del giudizio con l'inserimento in commissione, in sua vece, del membro supplente, precedentemente individuato dal Presidente del Tribunale di Roma.

N. 1834/2000
Reg. Dec.

N. 3528 Reg. Ric

Anno 1998

REPUBBLICA ITALIANA
IN NOME DEL POPOLO ITALIANO

Il Consiglio di Stato in sede giurisdizionale (Sezione Quarta) ha pronunciato la seguente

DECISIONE

sul ricorso iscritto al NRG 3528\98, proposto da Calbi Francesco, rappresentato e difeso dall'avvocato Nicola Calbi ed elettivamente domiciliato presso quest'ultimo in Roma, via Capraia 75, sc. I\4;

contro

Ministero di Grazia e Giustizia, in persona del Ministro *pro tempore*, rappresentato e difeso dall'Avvocatura Generale dello Stato e presso questa domiciliato, in Roma via dei Portoghesi 12;

per l'esecuzione del giudicato

formatosi sulla decisione del Consiglio di Stato, sezione quarta, n. 316 del 20 febbraio 1998.

Visto il ricorso coi relativi allegati;

Visto l'atto di costituzione in giudizio del Ministero di Grazia e Giustizia;

Viste le memorie prodotte dalle parti a sostegno delle rispettive difese;

Visti gli atti tutti della causa;

Data per letta alla pubblica udienza del 25 gennaio 2000 la relazione del consigliere Vito Poli, udit avvocat nessuno è comparso per le parti;

Ritenuto e considerato quanto segue:

FATTO e DIRITTO

I) Con decisione di questa sezione n. 316 del 20 febbraio 1998, veniva confermato l'annullamento operato dal primo giudice (cfr. sentenza Tar Lazio n. 824 del 23 maggio 1996): a) del provvedimento di esclusione del dott. Francesco Calbi dall'esame di abilitazione di procuratore legale per il 1993; b) del giudizio negativo espresso dalla commissione di esame, nella seduta straordinaria del 24 maggio 1994, su due degli elaborati da quest'ultimo redatti (annullamento disposto esclusivamente per vizi formali ed estrinseci del procedimento di valutazione - mancata garanzia dell'anonimato -).

II) Per quanto qui interessa, la citata decisione della sezione (pag. 10): a) escludeva che il Calbi potesse essere ammesso direttamente agli orali, non essendo consentito al giudice amministrativo di sostituirsi alla P.A.; b) ordinava il rinnovo del giudizio sugli elaborati redatti nel dicembre del 1993; c) riconosceva all'amministrazione, contrariamente a quanto disposto dal giudice in *prime cure*, la facoltà di esprimere il nuovo giudizio con il ricorso al punteggio numerico e senza necessità di analitica motivazione;

III) Con decisione di questa sezione n. 635 del 1999, emessa in sede di ottemperanza al giudicato per cui è causa: a) veniva nominato *commissario ad acta* il Presidente del Tribunale di Roma; b) quest'ultimo era incaricato di nominare i componenti di una commissione *ad hoc* per la valutazione di tutti e tre gli elaborati redatti dal Calbi il 14, 15 e 16 dicembre 1993; c) in caso di scrutinio favorevole, si invitava la medesima commissione a procedere allo svolgimento della prova orale.

IV) Costituita la commissione (cfr. decreto del Presidente del Tribunale di Roma del 21 luglio 1999) con la nomina del Presidente e dei componenti titolari e supplenti, il Calbi produceva due memorie (del 30 settembre 1999 e del 6 ottobre 1999) con cui, da un lato illustrava la bontà degli elaborati, e dall'altro esprimeva talune perplessità circa la nomina del Presidente e di uno dei componenti della commissione stessa, chiedendone la sostituzione.

V) Nella seduta del 28 ottobre 1999 (cfr. verbale n. 2, redatto in pari data): a) il Presidente della Commissione (Prof. Filippo Lubrano), si asteneva per ragioni di opportunità e correttezza istituzionale, nel presupposto di aver ricevuto una missiva da parte del dott. Francesco Calbi che, per il suo contenuto, avrebbe dovuto portare all'attenzione del Consiglio dell'Ordine degli Avvocati di Roma da lui stesso presieduto; b) subentrava in luogo del Prof. Lubrano il primo membro supplente (avvocato Domenico Battista), che assumeva la presidenza della Commissione; c) quest'ultima procedeva alla lettura e valutazione degli elaborati, dopo ampia discussione avente ad oggetto le prove nella loro individualità e globalità, attribuendo il punteggio di 22 al componimento di diritto civile, di 20 al componimento di diritto penale, e di 33 a quello concernente la redazione dell'atto giudiziario; d) conseguentemente veniva dichiarata la non idoneità del Calbi all'ammissione alla prova orale;

[annotazione manoscritta: NON È MAI STATA PORTATA ALL'ATTENZIONE PERCHÉ INESISTENTE]

VI) Avverso siffatta determinazione è insorto il Calbi, deducendone la nullità ed illegittimità in 14 motivi di ricorso.

VII) Alla camera di consiglio del 25 gennaio 2000 il ricorso è stato trattenuto in decisione.

VIII) Le statuizioni di illegittimità contenute nella motivazione di sentenze di annullamento del giudice amministrativo passate in giudicato e relative ad

124

il comportamento del Presidente della commissione è stato prudente e corretto, rivolto comunque a consentire la rapida conclusione del giudizio con l'inserimento in commissione, in sua vece, del membro supplente, precedentemente individuato dal Presidente del Tribunale di Roma.

[annotazione a margine: DAL 1993 AL 2000 DECORSI SETTE ANNI]

XIII) Parimenti infondati sono i motivi n. 5) e 12), giacchè la commissione non ha proceduto alla redazione della relazione invocata dal ricorrente, per la semplice ragione che non ha richiesto la liquidazione delle spese, cui tale relazione era finalizzata.

XIV) Del tutto inconferente è il rilievo mosso nel sesto motivo, e relativo alla trasmissione del verbale n. 2 del 28 ottobre 1999 per il tramite del Ministero della Giustizia. In alcun modo appare illegittimo il comportamento del commissario *ad acta*, che si è avvalso di uffici ministeriali per la semplice comunicazione del verbale n. 2 del 28 ottobre 1999, che di per sé non è lesiva di alcun interesse del ricorrente.

XV) Ugualmente errato, in fatto e diritto, è il richiamo alla violazione dell'art. 7 della l. n. 241 del 1990, giacchè: a) l'attività del commissario *ad acta* non ha natura formalmente amministrativa (nei limiti sopra specificati); b) nel caso di specie, il Calbi ha fatto pervenire ben due memorie antecedentemente al giudizio espresso dalla commissione; c) deve escludersi, per ragioni fin troppo ovvie, che lo stesso potesse legittimamente partecipare alla seduta del 28 ottobre 1999, nel corso della quale la Commissione ha valutato gli elaborati.

XVI) Con l'ottavo, nono e decimo motivo, il Calbi contesta il giudizio della commissione sotto svariati profili, lamentando anche il difetto di motivazione. Tali censure, pur esulando dall'oggetto del giudicato, sono valutabili direttamente dal giudice dell'ottemperanza, per le esigenze di concentrazione sopra evidenziate e perchè non coinvolgono la sfera giuridica di terzi estranei, che risulterebbero altrimenti pregiudicati dalla eliminazione della garanzia del doppio grado di giudizio. Esse sono, tuttavia, chiaramente inammissibili attenendo al merito della valutazione compiuta dall'organo chiamato a sostituire l'amministrazione.

XVII) Anche il motivo n. 11) - con cui il Calbi chiede al Consiglio di Stato di rivalutare tutti i 27 elaborati composti infruttuosamente dal 1989 - è inammissibile perché si risolve in una domanda nuova, articolata per la prima volta in questa sede, e non coperta dal giudicato per cui è causa, in quanto si riferisce a

XIX) In conclusione il ricorso deve essere in parte respinto ed in parte dichiarato inammissibile; tuttavia il collegio, ravvisando giusti motivi, compensa integralmente le spese della presente fase.

P.Q.M.

Il Consiglio di Stato in sede giurisdizionale (sezione quarta):

- in parte respinge e in parte dichiara inammissibile il ricorso proposto indicato in epigrafe;
- dichiara integralmente compensate fra le parti le spese della presente fase di giudizio.

Ordina che la presente decisione sia eseguita dall'Autorità amministrativa.

Così deciso in Roma, addì 25 gennaio 2000 dal Consiglio di Stato in sede giurisdizionale – Sezione Quarta – riunito in camera di consiglio con l'intervento dei seguenti Magistrati:

Pasquale DE LISE	- Presidente
Domenico LA MEDICA	- Consigliere
Costantino SALVATORE	- Consigliere
Anselmo DI NAPOLI	- Consigliere
Vito POLI	- Consigliere est.

L'ESTENSORE   IL PRESIDENTE

1994

Nell'anno successivo, ma sempre in relazione alla sessione di esame del 1993 e a causa proprio della vicenda della espulsione, in tutto quel parapiglia la brutta copia del mio tema che era rimasta sul mio banco è stata presa da un altro candidato il quale, anziché copiarla, l'ha inserita direttamente nella sua busta e l'ha consegnata. In sede di valutazione, vista la differenza di scrittura, i Commissari ricordarono la vicenda della espulsione e andarono a confrontare i miei scritti
Così processarono entrambi per falso in atto pubblico.
Nell'istruttoria del processo penale fu disposta la perizia grafica che confermò "la perfetta concomitanza" con la mia scrittura e rilevò tra l'altro:
"tipo e dimensioni della scrittura: esteticamente apprezzabili";
"capacità grafica: molto superiore alla media".
Tale fatto non significa che sia in grado di superare l'esame di stato per avvocati, ma neanche che sia completamente deficiente, seppure probabilmente avrei dovuto dedicarmi piuttosto alla pittura o al disegno che non alla legge.

PROCURA della REPUBBLICA
presso Tribunale di ROMA
Sostituto Dr. G. Castellucci

RELAZIONE
di analisi e comparazione della grafia

proc. penale n. 7947/94
a carico di   Gennaro
CALBI Francesco

Pervenuto il 27 APR. 1995
IL SEGRETARIO

Il Consulente Tecnico
(Prof. Mario FRANCO)
Via G. Gesmundo, 6
Tel. 37517888 - ROMA

Il confronto diretto tra le manoscritture con le quali sono stati compilati i due elaborati "Tema n. 1", l'uno posto nella busta n. 1233 relativa al concorrente , l'altro contenuto nella busta n. 270 e già addebitato a Calbi Francesco, mette chiaramente in evidenza la perfetta concomitanza, o meglio, identità, di tutte le caratteristiche grafiche sia d'insieme che di particolari.

Le somiglianze riguardano:
- tipo e dimensioni della scrittura: rotondeggiante, scorrevole, misuratamente slargante, con lettere di dimensioni medie e costanti, esteticamente apprezzabili;
- pressione grafica: variamente distribuita con alternanza di chiari e di scuri;
- capacità grafica: molto superiore alla media;
- pendenza assiale: verticale;
- uso del curvilineo: molto evidente e regolare.

8981/95R   R.G. notizie di reato   PMT Mod. 095
           R.

PROCURA DELLA REPUBBLICA
PRESSO IL TRIBUNALE DI ROMA

RICHIESTA DI RINVIO A GIUDIZIO
(Artt. 416, 417, c.p.p., 130 D.L.v. 271/89)

AL GIUDICE PER L'UDIENZA PRELIMINARE
PRESSO IL TRIBUNALE DI   ROMA

Il Pubblico Ministero   dott. Giorgio CASTELLUCCI
Visti gli atti del procedimento n. 8981/95R

nei confronti di

1.   Gennaro, nato a   il 5.1.19   e residente in
              nr.49 int.

2. CALBI Francesco, nato in Roma il 17.08.1960 ed ivi residente in Via Capraia nr.
      75 sc.I int.4;

PROCURA DELLA REPUBBLICA
presso il Tribunale di Roma
SEGRETERIA PENALE
PERVENUTO IL
26 LUG 1995
IL COLLABORATORE DI CANCELLERIA

(1)

IMPUTATI

del reato p. e p. dagli artt. 110, 476, 482, C.P., per avere, in concorso tra loro, il
COLBI quale materiale estensore di uno dei tre temi della prova scritta dell'esame di
abilitazione per la professione di procuratore legale, ed il   per avere utilizzato il tema svolto dal primo consegnandolo alla Commissione come proprio così falsamente rappresentando di avere egli stesso svolto tale prova, da considerare atto
pubblico perchè documento presentato nel corso di un pubblico esame, quale elemento
essenziale dello stesso.

Roma, 20 aprile 1994

Infine, con sentenza (smarrita) sono stato assolto "perché il fatto non è previsto dalla legge come reato".

Tale formula contiene in sé la responsabilità di chi ha agito e cioè sia di chi ha denunciato il fatto sia di chi ha proceduto contro di me, perché è come se fossi stato processato per aver mangiato o per aver dormito o per aver camminato, fatti non previsti dalla legge come reato. E conseguentemente tale formula assolutoria comporta il risarcimento del danno che tuttavia non ho mai richiesto.

Mi sembra che poi sia stato assolto anche l'altro candidato, per quanto non abbia più seguito gli eventi.

1996-97-98

Ogni anno l'esame di stato. Ogni esame un voto insufficiente. Ogni voto un ricorso al TAR. Ogni ricorso una decisione acrobatica.

I tribunali riconoscono alcuni diritti e alcune violazioni, ma soltanto a un livello intermedio perchè infine cedono all'atto della decisione effettiva.

I ricorsi del 1996 1997 e 1998 sono stati iscritti al ruolo del Tribunale Amministrativo Regionale del Lazio di Roma ai numeri 15072/96, 10598/97, 9662/98, assegnati alla Prima Sezione.

Il ricorso **NRG.15072/96** fu proposto avverso la valutazione della Commissione di esame di non idoneità a seguito della prova orale dell'anno 1995-96, per i seguenti
      M O T I V I
1) Illogica, contraddittoria irragionevole valutazione del candidato, eccesso di potere.
Avendo superato le tre prove scritte con i voti 30-30-30 non è concepibile che nelle stesse discipline, agli orali, il candidato abbia ottenuto una insufficienza addirittura da non laureato (tre e quattro). È impossibile dire che la prova sostenuta dal Calbi sia insufficiente in modo tale da costituire, addirittura, una valutazione ingiuriosa, in quanto non può essere accettabile che un laureato in giurisprudenza, dopo una pratica legale, con diligenza e profitto (come afferma il Consiglio dell'Ordine), di nove anni sia insufficiente in tutte le sei prove.
2) Violazione dell'art.3 L.n.241/90, per assenza assoluta di motivazione, eccesso di potere.
Nel verbale della seduta del 20.9.1996, qui impugnato, non è detto nulla, dalla commissione, sul perchè delle attribuzioni di voti.
3) Violazione dell'art.5 comma 3 L.n.142/89 e dell'art. 30 R.D. 22.1.1934 N.37. Eccesso di potere.
L'art.5 L.142/89 stabilisce che "ciascun commissario dispone di dieci punti per ogni prova scritta e per ogni

materia della prova orale e dichiara quanti punti intende assegnare al candidato".
Dal verbale impugnato non risultano le dichiarazioni dei voti che ha attribuito ciascun commissario per ciascuna materia, ma solo il voto complessivo.
Nè il detto verbale dà notizia di tutte le operazioni attinenti allo svolgimento degli esami; infatti nulla si sa circa le domande rivolte e le risposte date, nè gli argomenti trattati, in violazione del disposto dell'art.30 RD.n.37 del 1934.
4) Mancanza di criteri di valutazione predeterminati all'inizio del concorso.
La Commissione, per quanto se ne sa, non ha predeterminato i criteri di valutazione da seguire nel giudicare i candidati, allo scopo di evitare disparità di trattamento.

Il ricorso **NRG.10598/97** fu proposto avverso la valutazione della Commissione di esame di non idoneità e di non ammissione agli orali a seguito delle prove scritte dell'anno 1996-97, anche in questo caso per violazione dell'art.5 L.142/89 che stabilisce che "ciascun commissario dispone di dieci punti per ogni prova scritta e per ogni materia della prova orale e dichiara quanti punti intende assegnare al candidato". Nonché per alti motivi di grave eccesso di potere.

Il ricorso **NRG.9662/98** fu proposto avverso la valutazione della Commissione di esame di non idoneità e non ammissione agli orali a seguito delle prove scritte della sessione 1997-98.
Fatto: In data 25.6.1998, l'istante ha appreso di essere stato giudicato "non ammesso" agli orali, nella sessione 1997-98 del concorso per avvocato, con i voti di 25-25-25, relativi allo svolgimento dei temi di esame.
Il candidato ha svolto i tre compiti, in data 1o, 11, 12 dicembre 1997, secondo le prescrizioni normative e secondo le indicazioni dei relativi titoli dimostrandosi pratico delle discipline giuridiche trattate.

In particolare, in data 1o dicembre 1997, nella redazione del parere motivato in materia regolata dal diritto civile, il candidato ha svolto il tema n.1, affrontando le questioni della separazione personale di fatto, la cessazione degli effetti civili del matrimonio, la separazione dei beni tra coniugi, la sentenza dichiarativa, la simulazione, la donazione, la scrittura privata, il testamento, la donazione remuneratoria. Oltre all'argomentazione di tipo giuridico, il candidato ha prospettato una possibile soluzione del caso proposto, motivandola adeguatamente.

In data 11 dicembre 1998, nella redazione del parere motivato in materia regolata dal diritto penale, il candidato ha svolto il tema n.2, affrontando le questioni dell'atto pubblico, del concorso di persone nel reato, del falso ideologico, dell'abuso di ufficio, dell'udienza preliminare, del decreto che dispone il giudizio, dell'applicazione della pena su richiesta, delle circostanze attenuanti generiche, della sospensione condizionale della pena.

Il candidato ha altresì prospettato una soluzione possibile in difesa del presunto assistito, motivandone la eventuale linea difensiva, in maniera giuridicamente corretta.

In data 12 dicembre 1997, nella redazione dell'atto giudiziario, il candidato ha svolto il tema n.3, in materia amministrativa e ha redatto un ricorso al Tribunale Amministrativo Regionale. Il detto ricorso comprende: l'indicazione della parte ricorrente con l'elezione di domicilio e il relativo mandato ad agire; l'indicazione della parte convenuta in giudizio; l'indicazione dell'oggetto del ricorso e del provvedimento impugnato; l'esposizione del fatto e dei motivi di diritto a fondamento della domanda, con indicazione delle norme violate dal provvedimento di espropriazione emesso dal Sindaco; la precisazione delle conclusioni; la richiesta incidentale di sospensione del provvedimento; l'elenco dei documenti allegati; l'autentica di firma e la richiesta di notifica. L'atto in questione è redatto secondo le prescrizioni di legge ed è giuridicamente corretto, nè è viziato in alcun modo: non poteva essere dichiarato insufficiente.

Avverso la suddetta valutazione di "non ammesso" agli orali per l'esame di avvocato 1997-98, si propone ricorso per i seguenti **motivi**:
1) Violazione dell'art.17 bis, n.2, RD.n.37 del 22.1.1934. Mancanza di collegialità. Eccesso di potere.
Detta norma prescrive che, per ciascuna prova scritta, ogni componente della commissione d'esame dispone di dieci punti di merito, ma non è stato mai indicato il numero dei punti che ciascun commissario ha assegnato a ciascun tema, facendo ritenere che la collegialità non sia stata rispettata e che il voto possa essere stato attribuito da un solo commissario.
A norma dell'art.131 c.p.c. e 148 c.p.p., perfino nei provvedimenti collegiali dei vari tribunali -che, pure, sono motivati- può -se uno dei componenti lo richiede- essere compilato un verbale con la menzione della unanimità o del dissenso di qualcuno dei componenti del collegio, allo scopo di evidenziare eventuali responsabilità civili previste dalla L.13.4.88, n.117.
2) Violazione dell'art.4 della Costituzione, la quale prescrive che: La Repubblica riconosce a tutti i cittadini il diritto al lavoro e promuove le condizioni che rendano effettivo questo diritto.
3) Violazione dell'art.35 della Costituzione, la quale prescrive che la Repubblica tutela il lavoro in tutte le sue forme e applicazioni.
4) Violazione dell'art.3, comma 2 della Costituzione, la quale stabilisce che: E' COMPITO DELLA REPUBBLICA RIMUOVERE GLI OSTACOLI DI ORDINE ECONOMICO E SOCIALE CHE LIMITANDO DI FATTO LA LIBERTA' E UGUAGLIANZA DEI CITTADINI, IMPEDISCE IL PIENO SVILUPPO DELLA PERSONA UMANA E L'EFFETTIVA PARTECIPAZIONE DI TUTTI I LAVORATORI ALL'ORGANIZZAZIONE POLITICA, ECONOMICA E SOCIALE DEL PAESE.
Poichè dalla lettura dei temi svolti dal ricorrente risulta che la valutazione negativa degli stessi è un illecito: è compito del giudice rimuovere tale ostacolo che limita di fatto la libertà e l'uguaglianza dei cittadini, nonchè il diritto al lavoro.

Si tenga conto che nessuno dei candidati ha ottenuto il punteggio massimo di 15o punti (i candidati di Roma sono per la maggior parte appena sufficienti). Il punteggio massimo, nella presente sessione, è stato assegnato al dr. Giuseppe   , nato a Roma il   1968, il quale ha avuto i voti: 36-4o-4o.

ESENTE DA BOLLO
ARTT 20-21, L.27.XI.1933, N 1578
ART 10, L. 11.8.1973, N 533

ORIGINALE

15072/96

TRIBUNALE AMMINISTRATIVO REGIONALE DEL LAZIO

RICORSO

per l'annullamento del provvedimento di non idoneità emesso dalla Commissione per il concorso di procuratore legale il 20.9.1996.

Il dr. FRANCESCO CALBI, nato a Roma il 19.8.1960, residente in Roma, Via Capraia, 75, sc.I/4, rappresentato e difeso dagli avv.ti Nicola Calbi e Liliana Zuccardi Merli presso i quali è elettivamente domiciliato in Roma, Via Capraia, 75, sc.I/4, come da mandato a margine, espone:

Il dr. Francesco Calbi si è laureato in giurisprudenza presso l'Università "La Sapienza" di Roma, il 15.7.1987; è iscritto al registro dei praticanti procuratori di Roma dal 28.7.1987, con tessera N. N/24605. Ha ottenuto il certificato di compiuta pratica nel 1989 (con diligenza e profitto). Nel dicembre 1989 ha sostenuto la prima prova scritta dell'esame per procuratori legali senza essere ammesso agli orali. Si è, dunque, ripresentato alle prove scritte nel dicembre 1990, dicembre del 1991, dicembre 1992. Sempre escluso dagli orali. Nel dicembre del 1993 il Calbi, durante lo svolgimento della QUINTA prova scritta, fu espulso con l'impiego dei militari. Ma a seguito di ricorso, il TAR Lazio, con ordinanza del 9.3.94, N.563, sospese il provvedimento di espulsione, con conseguente ammissione del candidato alla correzione dei temi. La commissione d'esami per procuratori legali dell'anno 1993/94, provvide con due mesi di ritardo alla correzione degli

Tribunale Amministrativo Regionale del Lazio
Ricorso 10598/97

Il dr. Francesco Calbi, nato a Roma il 19/8/1960, elettivamente domiciliato in Roma, via Capraia,75, sc.I/4, presso gli avv. Nicola Calbi e Liliana Zuccardi Merli, che lo rappresentano e difendono come da mandato a margine, espone:

Il Calbi, laureatosi in giurisprudenza il 15/7/1987, avendo compiuto la prescritta pratica forense fin dal 1989, per l'ottava volta, nei giorni.10-11-12 dicembre 1996, si è presentato davanti alla competente commissione per sostenere le prove scritte per il concorso da procuratore legale (ora avvocato).
Lunedì 14 giugno 1997, nell'esaminare i risultati delle dette prove scritte, ha rilevato di essere stato valutato, ancora una volta, insufficiente, con la votazione di 25-25-25.
Avverso la suddetta valutazione il Calbi, con il presente atto, propone ricorso per i seguenti

M O T I V A :

I) Violazione dell'art.2 L.142/89 e L.22/1/1934 n.37 art.18. Eccesso di potere. Anche se la valutazione dei singoli elaborati, espressa con indici numerici, è ampiamente discrezionale e quindi insindacabile, per costante giurisprudenza, pure -a nostro avviso- non

Delego a rappresentarmi e difendermi gli avv.ti Nicola Calbi e Liliana Zuccardi Merli presso il cui studio eleggo domicilio in Roma, Via Capraia, 75, sc.I/4, con tutte le facoltà di legge.

Francesco Calbi

ARTT. 20-21, L. 27.XI.1933, N.1578
ART. 10, L. 11.8.1973, N. 533.

Avv. NICOLA CALBI
Via Capraia, 75 - sc. I/4
00139 ROMA
Tel. 8180901 - 8185739
[...] 530542

ORIGINALE

URGENTE
Avv. N. Calbi

Tribunale Amministrativo Regionale del Lazio

Ricorso 9662/98

Il dr. Francesco Calbi, nato a Roma il 19.8.1960, rappresentato e difeso dagli avv.ti Nicola Calbi e Liliana Zuccardi Merli, presso cui è elettivamente domiciliato in Roma, Via Capraia, 75, sc.I/4, come da mandato a margine, espone:

Fatto: In data 25.6.1998, l'istante ha appreso di essere stato giudicato "non ammesso" agli orali, nella sessione 1997-98 del concorso per avvocato, con i voti di 25-25-25, relativi allo svolgimento dei temi di esame.

Il candidato ha svolto i tre compiti, in data 10, 11, 12 dicembre 1997, secondo le prescrizioni normative e secondo le indicazioni dei relativi titoli dimostrandosi pratico delle discipline giuridiche trattate.

In particolare, in data 10 dicembre 1997, nella redazione del parere motivato in materia regolata dal diritto civile, il candidato ha svolto il tema n.1, affrontando le questioni della separazione personale di fatto, la cessazione degli effetti civili del matrimonio, la separazione dei beni tra coniugi, la sentenza dichiarativa, la simulazione, la donazione, la scrittura privata, il testamento, la donazione remuneratoria. Oltre all'argomentazione di tipo giuridico, il candidato ha prospettato una possibile soluzione del caso proposto, motivandola adeguatamente.

Delego a rappresentarmi e difendermi gli avv.ti Nicola Calbi e Liliana Zuccardi Merli presso il cui studio eleggo domicilio in Roma, Via Capraia, 75, sc.I/4, con tutte le facoltà di legge, ivi comprese quelle di conciliare o transigere.

Francesco Calbi
Le firme sono autentiche
Avv. Nicola Calbi
[firma] Zuccardi Merli

I tre ricorsi suddetti sono stati riuniti e sono state emesse sentenze istruttorie con ordine all'amministrazione di deposito di documenti che la stessa amministrazione non ha adempiuto.

Con la **sentenza N.520/99** è stato ordinato al Ministero di Grazia e Giustizia "di depositare copia conforme all'originale del verbale della Commissione Giudicatrice nel quale risultano fissati i criteri di valutazione adottati ai fini della correzione degli elaborati scritti e della prova orale". Nonché è stato ordinato di depositare il bando relativo alla sessione di esami del 1996 e del 1997.

REPUBBLICA ITALIANA
IN NOME DEL POPOLO ITALIANO

SENT 520/99

Il Tribunale Amministrativo Regionale per il Lazio -sez. 1^- così composto:

dott. Mari Egidio SCHINAIA -Presidente
dott. Alberto NOVARESE -Consigliere
dott. Guido ROMANO -Consigliere

ha pronunciato la seguente

SENTENZA

sui ricorsi n°15072/96 R.G., n° 10598/97 RG e n°9662/98 R.G. proposti da CALBI Francesco, rappresentato e difeso dagli avvocati Nicola Calbi e Liliana Zuccardi Merli con i quali è elettivamente domiciliato in Roma, alla via Capriaia n°75;

contro

il MINISTERO DI GRAZIA E GIUSTIZIA e la COMMISSIONE DI ESAME PER PROCURATORE LEGALE, rappresentati e difesi dall'Avvocatura Generale dello Stato presso i cui uffici sono domiciliati in Roma, via dei Portoghesi n°12;

per l'annullamento

quanto al ricorso n°15072/96 R.G., del provvedimento di inidoneità emesso in data 20/9/1996 a seguito della prova orale sostenuta nella sessione 1995 di esami per l'iscrizione all'albo dei procuratori legali;

quanto al ricorso n°10598/97 R.G., della valutazione negativa emessa in sede di correzione delle prove scritte sostenute nella sessione di

Infatti, quanto al primo dei citati ricorsi, relativo alla sessione di esami 1995, necessita ribadire l'ordine istruttorio già impartito con ordinanza presidenziale n° 198 del 9/12/1997, non eseguito dall'Amministrazione, e cioè ordinare al Ministero di Grazia e Giustizia di depositare copia conforme all'originale del verbale della Commissione Giudicatrice nel quale risultano fissati i criteri di valutazione adottati ai fini della correzione degli elaborati scritti e della prova orale.

Con la **sentenza N.8130/2000** il TAR ha ritenuto "necessario acquisire chiarimenti circa le intervenute dichiarazioni, o meno, di voto ... espresse da ciascun Commissario per ciascuna materia EX ART.5 LEGGE 142/89 secondo cui "ciascun commissario dispone di dieci punti per ogni prova ... e dichiara quanti punti intende assegnare al candidato".

La richiesta del TAR è indiscutibile: acquisire le dichiarazioni di voto previste dalla legge n.142 del 1989.

IN NOME DEL POPOLO ITALIANO

Il Tribunale Amministrativo Regionale per il Lazio -sez. 1^- ha pronunciato la seguente

SENTENZA

sui ricorsi n°15072/96 R.G., n° 10598/97 RG e n°9662/98 R.G. proposti da CALBI Francesco, rappresentato e difeso dagli avvocati Nicola Calbi e Liliana Zuccardi Merli con i quali è elettivamente domiciliato in Roma via Capriata n°75;

contro

il MINISTERO DI GRAZIA E GIUSTIZIA e la COMMISSIONE DI ESAME PER PROCURATORE LEGALE, rappresentati e difesi dall'Avvocatura Generale dello Stato presso i cui uffici sono domiciliati in Roma, via dei Portoghesi n°12;

per l'annullamento

quanto al ricorso n°15072/96 R.G., del provvedimento di inidoneità emesso in data 20/9/1996 a seguito della prova orale sostenuta nella sessione 1995 di esami per l'iscrizione all'albo dei procuratori legali;

quanto al ricorso n°10598/97 R.G., della valutazione negativa emessa in sede di correzione delle prove scritte sostenute nella sessione di esami per il 1996 per procuratore legale e del conseguente provvedimento di non ammissione alla prova orale;

quanto al ricorso n° 9662/98 R.G. della valutazione negativa emessa in sede di correzione delle prove scritte sostenute nella sessione di esami per il

sia necessario acquisire chiarimenti documentati, da parte di ciascuna delle Commissioni esaminatrici circa le intervenute, o meno, dichiarazioni di voto – in sede di valutazione della prova orale per la sessione di esami per il 1995 ed in sede di valutazione della prova scritta per la sessione di esami anno 1996 – espresse da ciascun Commissario per ciascuna materia ex art. 5 legge n. 142/89 secondo cui "ciascun comissario dispone di dieci punti per ogni prova scritta e per ogni materia della prova orale e dichiara quanti punti intende assegnare al candidato".

Con la sentenza **N.3285/2002**, emessa per gli stessi ricorsi, il TAR reitera la medesima richiesta:
"ritiene il Collegio che sia necessario acquisire chiarimenti circa le intervenute dichiarazioni, o meno, di voto ... espresse da ciascun Commissario per ciascuna materia EX ART.5 LEGGE 142/89".

La richiesta è nuovamente indiscutibile: acquisire le dichiarazioni di voto previste dalla legge n.142 del 1989. Viene richiamata nuovamente la LEGGE N.142 DEL 1989.

Sent. 3285/2002

REPUBBLICA ITALIANA
IN NOME DEL POPOLO ITALIANO
IL TRIBUNALE AMMINISTRATIVO REGIONALE
PER IL LAZIO - SEZIONE I

composto dai signori
Corrado CALABRO'   PRESIDENTE
Alberto NOVARESE   COMPONENTE
Germana PANZIRONI   COMPONENTE, relatore
ha pronunciato la seguente

SENTENZA

Sui ricorsi n. 15072/96 R.G. n° 10598/97 R.G., proposti da CALBI Francesco, rappresentato e difeso dagli Avvocati Nicola Calbi e Liliana Zuccardi Merli con i quali è elettivamente domiciliato in Roma alla Via Capraia n. 75;

contro

il Ministero della Giustizia e la Commissione di Esame per Procuratore Legale, rappresentati e difesi dall'Avvocatura Generale dello Stato, i cui uffici in Roma, via dei Portoghesi n 12;

per l'annullamento

quanto al ricorso n. 15072/96 R.G., del provvedimento di inidoneità emesso in data 20/9/1996 a seguito della prova orale sostenuta nella sessione 1995 di esami per l'iscrizione all'albo dei procuratori legali.

Quanto, appunto, ai due ricorsi, rubricati ai n. 15072/96 e 10598/97, riferiti rispettivamente alla sessione di esami per il 1995 e per l'anno 1996 ai fini dell'iscrizione all'albo dei procuratori legali, ritiene il Collegio che sia necessario acquisire chiarimenti documentati, da parte di ciascuna delle Commissioni esaminatrici circa le intervenute, o meno, dichiarazioni di voto - in sede di valutazione della prova orale per la sessione di esami per il 1995 ed in sede di valutazione della prova scritta per la sessione di esami anno 1996 - espresse da ciascun commissario per ciascuna materia ex art. 5 Legge n. 142/89 secondo cui " ciascun commissario dispone di dieci punti per ogni prova scritta e per ogni materia della prova orale e dichiara quanti punti intende assegnare al candidato".

L'amministrazione non adempie e per questo si attende una sentenza conseguente alle richieste del Tribunale e all'inadempimento della PA.
Esce dunque la sentenza N.1555/2003.
Nella narrativa sono richiamate le censure proposte nei ricorsi e cioè:
VIOLAZIONE DELL'ART.5, COMMA 3, DELLA LEGGE N.142/1989.
Per il secondo ricorso:
VIOLAZIONE DELL'ART.5, COMMA 3, DELLA LEGGE N.142/1989.

Tenuto conto di tutto ciò, il TAR ha così deciso:
"emerge con chiarezza che la commissione ha proceduto alla valutazione delle prove in conformità a quanto previsto DALL'ART.3 DELLA L.N.242/88".

"LA VALUTAZIONE FINALE COMPLESSIVA RISPONDE A QUANTO STABILITO DALL'ART.17 BIS DEL CITATO DECRETO INTRODOTTO DALL'ART.3 DELLA LEGGE N.242/88".

SENT. N. 1555/03

REPUBBLICA ITALIANA
IN NOME DEL POPOLO ITALIANO
IL TRIBUNALE AMMINISTRATIVO REGIONALE
PER IL LAZIO - SEZIONE I

composto dai signori:
Corrado CALABRO'   PRESIDENTE
Eugenio MELE   COMPONENTE
Germana PANZIRONI   COMPONENTE, relatore

ha pronunciato la seguente

SENTENZA

Sui ricorsi n. 15072/96 R.G. n° 10598/97 R.G. proposti da CALBI Francesco, rappresentato e difeso dagli Avvocati Nicola Calbi e Liliana Zuccardi Merli con i quali è elettivamente domiciliato in Roma alla Via Capraia n. 75;

contro

il Ministero della Giustizia e la Commissione di Esame per Procuratore Legale, rappresentati e difesi dall'Avvocatura Generale dello Stato, i cui uffici in Roma, via dei Portoghesi n 12;

per l'annullamento

quanto al ricorso n. 15072/96 R.G., del provvedimento di inidoneità emesso in data 20/9/1996 a seguito della prova orale sostenuta nella sessione 1995 di esami per l'iscrizione all'albo dei procuratori legali.

quanto al ricorso n. 10598/97 R.G. della valutazione negativa emessa in sede di correzione delle prove scritte sostenute nella sessione di esami per il 1996 per procuratore legale e del conseguente provvedimento di non ammissione alla prova orale.

Visti i ricorsi con i relativi allegati;
Visti gli atti costituzione in natti i relativi giudizi dell'Amministrazione della Giustizia;
Viste le memorie difensive depositate dalle parti;
Visti gli atti tutti delle cause anzidette;
Uditi alla Pubblica udienza del 27 novembre 2002, relatore il Consigliere Germana Panzironi, l'avvocato Liliana Zuccardi Merli per la parte ricorrente e l'avvocato Sica per l'Amministrazione resistente;

ritenuto e considerato in fatto ed in diritto quanto segue

FATTO

Con il terzo motivo di gravame il ricorrente ritiene l'illegittimità della procedura concorsuale poiché la commissione avrebbe omesso, in sede di valutazione, la fase della attribuzione singola del voto da parte di ciascun commissario.

La censura risulta infondata alla luce dei documenti depositati dall'amministrazione, dai quali emerge con chiarezza la legittimità della procedura seguita dalla commissione.

In particolare dal verbale n. 21 del 20-9-1996, relativo alla seduta nel corso della quale il ricorrente ha sostenuto la prova orale dell'esame di avvocato relativo alla sessione anno 1995, emerge con chiarezza che la commissione ha proceduto alla valutazione delle prove in conformità a quanto previsto dagli artt. 23 e 24 del R.D. n. 37/1934 e dall'art. 3 della l. n. 242/88, attribuendo per ciascuna prova un punteggio numerico.

In particolare, la circostanza che sul verbale sia riportata la valutazione finale e complessiva relativa alle diverse materie, risponde a quanto stabilito dall'art. 17 bis del citato decreto, introdotto dall'art. 3 della l./n. 242/88, e non implica che sia mancata l'esame della prova da parte di ciascun componente; la normativa richiamata, art. 17 bis comma 4, prescrive, difatti, che per la prova orale ciascun componente della commissione dispone di 10 punti di merito per ciascuna delle materie oggetto dell'esame, senza nulla disporre in ordine alle modalità di attribuzione dei voti da parte dei singoli membri, né in ordine ad un eventuale obbligo di verbalizzazione.

E cosa puoi fare?
"Emerge con chiarezza" qualcosa di mostruoso.
Lo puoi raccontare, certo.
Puoi fare l'appello al Consiglio di Stato.
Comunque sei stato fregato ancora una volta.
Puoi far uso di droghe pesanti, anzi devi, per sopportare la beffa. O puoi metterti a correre, a piedi, rischiando di essere investito dai ciclisti, oppure in bicicletta, rischiando di investire i pedoni. Quello che è certo è che non devi seguire l'istinto, neanche con il pensiero, perché non puoi riempirti la mente di orribili intenti o di fiumi di insulti. È stata applicata la legge del 1988 anziché del 1989.
Non esiste il risarcimento, in Italia, non esiste affatto il concetto. Rimborso reintegrazione indennizzo rifusione sono parole vuote di risvolto pratico. Ma dal punto di vista teorico, ragionando per assurdo come fanno gli accademici, se si dovesse valutare un danno, nel caso in esame, si dovrebbe considerare ogni pensiero infamante che ristagna nella mente e si deve tenere a bada, ogni istinto violento prodotto dallo sfrontato eccesso di potere. I Tribunali riconoscono alcuni diritti, alcune violazioni, ma quando si arriva al dunque non hanno la forza di contrastare l'eccesso di potere per affermare lo stato di diritto e cedono.
E questo cedimento si vede -e si paga- in ogni angolo della nazione. Perciò non posso farmi travolgere e inquinare dall'istinto e devo continuare nella vita splendida che ho

sempre vissuto, per quanto alcune rinunce ho dovuto sopportarle. Agli inizi degli anni 90 ho rinunciato a un incarico che sarebbe stato ben pagato e mi avrebbe portato in chissà quale altra direzione. Ma ero impegnato in questa rovina. Alla fine degli anni 90 mi hanno offerto una stanza in un ufficio di Via Nizza, una delle strade più quotate del mondo in uno dei palazzi altrettanto quotati. Ho fatto finta di non capire e ho lasciato sfumare l'offerta. In quello stesso contesto ho scritto questa lettera.

Avv. FRANCESCO CALBI
Via Capraia,75 sc.i/4 - tel. 8180961
00139 Roma

Roma, 16.5.2001

Al Presidente dell'Ancofin Italia
Prof. Leonardo Ferrara
Viale Trentino, 155
74100 Taranto

Illustre Presidente,

Le comunico che svolgo la professione di avvocato dal 1989 (con laurea e inizio pratica del 1987), seppure - illecitamente - il Consiglio dell'Ordine di Roma non ha ancora provveduto a formalizzare la mia iscrizione all'Albo. Ho sostenuto 27 prove scritte dell'Esame di Stato per avvocati per nove anni consecutivi, una prova orale, ho inoltrato otto ricorsi al Tar Lazio, sei ricorsi al Consiglio di Stato, esposti alla Procura della Repubblica, istanze al Consiglio dell'Ordine, al consiglio Nazionale Forense, al Ministero della Giustizia, alla Presidenza del Consiglio dei Ministri, all'Antitrust, al Tribunale Civile, alle Sezioni Unite della Corte di Cassazione, alla Corte Europea dei Diritti dell'Uomo. Ho uno scaffale pieno di atti relativi. Ma niente. Il merito non ha alcun riconoscimento, fino al paradosso, fino al disprezzo. Non mi sono venduto però, nè mai lo farò. Ho rifiutato favori in tal senso fin dal primo anno da parte di consiglieri dell'ordine che conosco: mio padre è avvocato e mia madre è avvocato figlia di avvocato. Non ho intenzione di trasferirmi a Catanzaro, nè di svolgere ulteriori esami, nè di rivolgermi alla stampa o a Rai Tre. E' una questione di diritto e di merito per la quale dovrò essere risarcito.

Allego una certificazione emessa dalla Corte di Appello di Roma dello stato attuale della professione di avvocato: su oltre 30.000 laureati (3.000 l'anno), dal 1989 al 99, soltanto DUE hanno avuto il massimo dei voti nelle prove scritte dell'Esame di Stato. Ho chiesto al Tar, al Tribunale Civile, al consiglio dell'ordine, di confrontare le mie prove con quelle di quei due fenomeni, ma mi è stato negato. Ho chiesto al presidente del consiglio dell'ordine di pubblicare le sue prove scritte, per dare un orientamento, ma mi ha risposto che sarò sottoposto a procedimento disciplinare (che ancora aspetto). Dunque, la quasi totalità degli avvocati di Roma sono appena sufficientemente preparati. E' evidente che una società così scadente non può che avere una classe forense inutile.

Non so quando si concluderà la vicenda.
Per quanto mi riguarda, comunque, io mi firmo in qualità di avvocato. Lei si regoli come meglio ritiene.
Con stima.

E così ho proposto ricorso in appello al Consiglio di Stato. Con **Decisione n.4149/2006** il Consiglio ha ritenuto che: "l'appellante sostiene che ha errato il Tribunale allorchè ha deciso la controversia in base al disposto dell'art.3 della legge n.242 del 1988, in quanto la normativa rilevante si rinviene nell'art.5 della legge n.142 del 1989 il quale impone la verbalizzazione dei voti assegnati da ciascun commissario".

Nessun cenno all'emissione di n.3 sentenze istruttorie con le quali il TAR ha richiesto al Ministero il deposito degli atti previsti dalla legge n.142 del 1989.

Il Consiglio ha concluso:
"Come dedotto dall'Avvocatura, deve escludersi che tra le disposizioni ora richiamate sussista un rapporto di incompatibilità, essendo le stesse **rivolte a disciplinare profili diversi della procedura**".

Quali profili, non è specificato.

La norma del 1989 -vigente- prescrive la verbalizzazione di ciascun voto e l'altra del 1988 non la prevede.

N. 4149/2006
Reg. Dec.
N. 10401 Reg. R.
Anno 2000 e
N. 2233 Reg.
Anno 2004

REPUBBLICA ITALIANA
IN NOME DEL POPOLO ITALIANO

Il Consiglio di Stato in sede giurisdizionale (Sezione Quarta) ha pronunciato la seguente

DECISIONE

Sui ricorsi in appello:

n. **10401 del 2000** proposto da Calbi Francesco, rappresentato e difeso dall'avvocato Zuccardi Merli Liliana con domicilio eletto in Roma Via Capraia n. 75 presso lo studio del difensore;

contro

il Ministero della Giustizia, in persona del Ministro p.t., e la Commissione per gli esami di avvocato presso la Corte d'Appello di Roma, non costituiti in giudizio;

per l'annullamento

della sentenza del T.A.R. Lazio – I Sez. 10.10.2000 n. 8130;

n. **2233 del 2004** proposto da Calbi Francesco, rappresentato e difeso dall'avvocato Liliana Zuccardi Merli con domicilio eletto in Roma Via Capraia n. 75 presso lo studio del difensore;

contro

il Ministero della Giustizia, in persona del Ministro p.t., e la

per l'annullamento

della sentenza del T.A.R. Lazio – I Sez. 26.2.2003 n. 1555;

estrinsecamente la valutazione della Commissione ma si limita a sostenere la validità nel merito dei suoi elaborati: impostazione, questa, che risulta inammissibile in questa sede, essendo precluso al giudice della legittimità di invadere il nucleo più riservato del merito valutativo.

Con il primo motivo e secondo motivo del ricorso n. 2233 l'appellante sostiene che ha errato il Tribunale allorché ha deciso la controversia in base al disposto dell'art. 3 della legge n. 242 del 1988, in quanto la normativa rilevante si rinviene nell'art. 5 della legge n. 142 del 1989 il quale impone la verbalizzazione dei voti assegnati da ciascun commissario.

Il mezzo è infondato.

In primo luogo, come dedotto dall'Avvocatura, deve escludersi che tra le disposizioni ora richiamate sussista un rapporto di incompatibilità, essendo le stesse rivolte a disciplinare profili diversi della procedura.

Tanto chiarito è comunque da escludere che la omessa verbalizzazione dei voti assegnati dai singoli commissari possa determinare l'illegittimità del voto finale, in quanto per costante indirizzo della Sezione negli esami di abilitazione alla professione forense è sufficiente la verbalizzazione del solo voto complessivo risultante dalla media dei singoli punti attribuiti dai vari commissari a ciascuna prova scritta del candidato. (cfr. ex multis IV Sez., 4.4.1998 n. 543).

Infine per quanto riguarda il motivo volto a denunciare il difetto di motivazione che vizierebbe gli atti impugnati valgono

Ma ho insistito. Non ho lasciato correre. Ho proposto ricorso per revocazione per errore di fatto, essendo stata applicata una legge abrogata del 1988 anziché la norma vigente del 1989.

Il Consiglio di Stato ha respinto il ricorso affermando che non si è trattato di errore di fatto ma di **errore di diritto**, cioè "**errata applicazione di norme sostanziali e processuali**".

N. 2574/200
Reg. Dec.

REPUBBLICA ITALIANA
IN NOME DEL POPOLO ITALIANO

N. 8422 Reg.
Anno 2006

Il Consiglio di Stato in sede giurisdizionale (Sezione Quarta) ha pronunciato la seguente

DECISIONE

sul ricorso in appello NRG 8422 del 2006 proposto dal **CALBI Francesco** rappresentato e difeso dall'avv. Liliana Zuccardi, ed elettivamente domiciliato in Roma, Via Capraia n. 75, sc. i/4;

contro

Ministero della Giustizia e Commissione esami avvocato presso la Corte d'Appello di Roma rappresentati e difesi dall'Avvocatura Generale dello Stato, presso i cui uffici sono domiciliati *ope legis*, in Roma, via dei Portoghesi, n. 12;

per la revocazione

della decisione del Consiglio di Stato, Sez. IV, n. 4149 del 27 giugno 2006;

valutative del giudice e, in particolare, ciò che si estrinseca in una errata applicazione di norme sostanziali e processuali (cfr., fra le tante, Cons. Stato, Sez. VI, 8 novembre 2000 n. 5992 e 4 giugno 2002 n. 3152).

Ciò, fermo restando la inerenza, in ipotesi, ad errore di diritto, e non di fatto, della ritenuta (dalla Sezione) insussistenza

L'errore di diritto certificato dal Consiglio di Stato comporta la responsabilità del giudicante, secondo la legge n.117/88, che però non viene mai applicata.

Questa legge è stata concepita per non essere applicata, in quanto è fondata sulla responsabilità personale del singolo giudice che avrebbe commesso la violazione, verso il quale lo Stato dovrà poi rivalersi, anziché sulla responsabilità oggettiva dello Stato che garantisce l'operato dell'organismo istituzionale e risarcisce chi ha subito un danno dall'errore di giudizio. La stessa Corte Europea dei Diritti dell'Uomo ha sanzionato l'Italia ritenendo che vi sia una percentuale fisiologica di errori nei processi a cui l'Italia sfugge. E proprio tale minimo fisiologico di errore esclude l'attribuzione personale della responsabilità. Ma la legge è stata concepita sulla responsabilità personale, tale per cui non viene mai dichiarata.

Legge 13/04/1988 Num. 117

(in Gazz. Uff., 15 aprile, n. 88)

Risarcimento dei danni cagionati nell'esercizio delle funzioni giudiziarie e responsabilità civile dei magistrati.

Preambolo

La Camera dei deputati ed il Senato della Repubblica hanno approvato: Il Presidente della Repubblica: Promulga la seguente legge:

Art. 1. Ambito di applicazione.

1. Le disposizioni della presente legge si applicano a tutti gli appartenenti alle magistrature ordinaria, amministrativa, contabile, militare e speciali, che esercitano l'attività giudiziaria, indipendentemente dalla natura delle funzioni, nonché agli estranei che partecipano all'esercizio della funzione giudiziaria. 2. Le disposizioni di cui al comma 1 si applicano anche ai magistrati che esercitano le proprie funzioni in organi collegiali. 3. Nelle disposizioni che seguono il termine <<magistrato>> comprende tutti i soggetti indicati nei commi 1 e 2.

Art. 2. Responsabilità per dolo o colpa grave.

1. Chi ha subito un danno ingiusto per effetto di un comportamento, di un atto o di un provvedimento giudiziario posto in essere dal magistrato con dolo o colpa grave nell'esercizio delle sue funzioni ovvero per diniego di giustizia può agire contro lo Stato per ottenere il risarcimento dei danni patrimoniali e anche di quelli non patrimoniali che derivino da privazione della libertà personale. 2. Nell'esercizio delle funzioni giudiziarie non può dar luogo a responsabilità l'attività di interpretazione di norme di diritto né quella di valutazione del fatto e delle prove. 3. Costituiscono colpa grave: a) la grave violazione di legge determinata da negligenza inescusabile; b) l'affermazione, determinata da negligenza inescusabile, di un fatto la cui esistenza è incontrastabilmente esclusa dagli atti del procedimento; c) la negazione, determinata da negligenza inescusabile, di un fatto la cui esistenza risulta incontrastabilmente dagli atti del procedimento; d) l'emissione di provvedimento concernente la libertà della persona fuori dei casi consentiti dalla legge oppure senza motivazione.

Trascrivo integralmente l'atto di citazione del 17.1.2008 con il quale chiamo in causa il Presidente del Consiglio dei Ministri, consapevole che la risposta sarà picche. Infatti dichiaro che il valore della controversia è della misura simbolica di €.1000, quanto meno riduco al minimo le spese del contributo unificato.

Come si vedrà, viene negata l'evidenza con acrobazie concettuali che superano la fantasia. Con tre ordinanze il TAR ha chiesto al Ministero della Giustizia di depositare le dichiarazioni di voto dei Commissari di esame, secondo la legge n.142 del 1989. Con la sentenza finale, tuttavia, respinge i ricorsi sulla base della legge n.242 del 1988. Nel ricorso per revocazione, lo stesso TAR ha dichiarato che la suddetta errata applicazione di norme sostanziali o processuali costituisce errore di diritto e non errore di fatto, per cui non si può agire per la revocazione.

L'errore di diritto commesso dal giudice comporta la responsabilità dello stesso giudice cui segue il risarcimento del danno.

TRIBUANALE CIVILE DI ROMA
ATTO DI CITAZIONE

Il sig. Francesco Calbi, nato a Roma il 19.8.1960, CLBFNC60M19H501O, rappresentato e difeso dall'avv. Liliana Zuccardi Merli, presso il cui studio è elettivamente domiciliato in Roma, Via A.Toscani,59, come da delega a margine, espone:

1) Con ricorsi N.15072/1996, N.10598/97, N.9662/98, l'istante ha impugnato avanti al TAR Lazio, i giudizi emessi dalla Commissione d'esami per avvocato, rispettivamente: - di inidoneità in sede di esami orali nella sessione 1995; - il giudizio di non ammissione alle prove orali della sessione del 1996; - il giudizio di non ammissione alle prove orali della successiva sessione del 1997.

2) Con sentenza interlocutoria N.520/99, il TAR Lazio provvedeva alla riunione dei predetti ricorsi e richiedeva all'amministrazione il deposito dei verbali relativi alle sessioni di esame di cui ai ricorsi.

3) Con sentenza n.8130 del 2000, il TAR Lazio respingeva il ricorso N.9662/98, sostenendo che "dalla documentazione

versata in atti dalla Corte di Appello di Roma, si evince che la Commissione ... ha assegnato per singolo Commissario e per ciascuna prova un punteggio numerico di valutazione, nonché il voto complessivo".

4) Con la medesima sentenza n.8130/00, per i ricorsi N.15072/96 e N.10598/97, il TAR Lazio richiedeva all'amministrazione l'esibizione dei verbali relativi alle valutazioni del candidato nelle sessioni 1995 e 1996, contenenti i punteggi espressi da ciascun Commissario, ex art.5, L.142/89.

5) Successivamente, il TAR Lazio emetteva una terza sentenza interlocutoria N.3285/02, con la quale chiedeva per la terza volta che l'Amministrazione convenuta depositasse i documenti, per entrambi i ricorsi, circa le intervenute o meno dichiarazioni di voto espresse da ciascun commissario per ciascuna materia, EX ART.5 DELLA LEGGE N.142/89, secondo cui "ciascun commissario dispone di dieci punti per ogni prova scritta e per ogni materia della prova orale e dichiara quanti punti intende assegnare al candidato".

6) Con sentenza N.1555/2003, il TAR Lazio respingeva i ricorsi, motivando che la Commissione ha espresso le valutazioni in rispetto della Legge n.242/1988, che non prevede la verbalizzazione dei voti assegnati da ciascun Commissario.

7) Avverso la detta sentenza veniva proposto appello al Consiglio di Stato per violazione di legge, iscritto al NRR.2233/2004.

Con Decisione N.4149/2006, il Consiglio di Stato ha respinto l'appello, motivando che "deve escludersi che tra le disposizioni ora richiamate sussista un rapporto di incompatibilità, essendo le stesse rivolte a disciplinare PROFILI DIVERSI della procedura".

8) Ai sensi dell'art.395 c.p.c., si è chiesta la revocazione della decisione N.4149/2006.

Con Decisione N.2574/2007, il Consiglio di Stato ha dichiarato inammissibile il ricorso motivando che trattavasi di errore di diritto e non di fatto.

DIRITTO. Nel caso in esame, a norma dell'art.2, della Legge 13.4.1988, n.117, comma 3, lett.a), la decisione del

Consiglio di Stato, sia in sede di appello sia in sede di revocazione, è stata emessa con colpa grave, per grave violazione di legge determinata da negligenza inescusabile. Ciò in quanto la decisione è stata emessa fondando la motivazione su una norma non vigente, così come già aveva fatto il TAR applicando una norma del 1988 anziché del 1989.

2) Vi è anche la colpa grave di cui all'art.2, comma 3, lett.b), della Legge 117/88, poiché nella sua decisione il Consiglio di Stato ha affermato un fatto la cui esistenza è incontrastabilmente esclusa dagli atti del procedimento. Il C.d.S. in sede di appello ha motivato che (circa la decisione del TAR in applicazione dell'art.3 della Legge n.242/88 e non dell'art.5 della Legge n.142/89) deve escludersi che tra le disposizioni ora richiamate sussista un rapporto di incompatibilità, essendo le stesse rivolte a disciplinare PROFILI DIVERSI della procedura, senza precisare quali. Tale assunto è effetto di colpa grave derivante da negligenza inescusabile, essendo in contrasto con tre sentenze del TAR Lazio emesse in relazione alla Legge n.142/89, tutte disattese.

La stessa motivazione emessa per colpa grave è quella di cui al giudizio per revocazione, che ha voluto eludere la realtà dei fatti, ritenendo che si trattasse di errore di diritto, con ciò confermando, quanto meno, l'esistenza di una grave violazione di legge (e non solo errore di diritto). Il Giudice, essendo il tutore della legalità, non può commettere errori di diritto, soprattutto quando dagli stessi atti del procedimento risulta l'esatta norma da applicare, la cui non applicazione comporta una violazione dei diritti, come nel caso de quo.

In sede di revocazione è stato rilevato e confermato l'errore da parte del Consiglio di Stato.

Vi sono, agli atti del procedimento, n.3 sentenze interlocutorie del TAR Lazio, con le quali è stato richiesto all'amministrazione il deposito di atti a norma dell'art.5 della Legge n.142/89. L'amministrazione non ha adempiuto. E il giudicante ha negato tale fatto, con negligenza inescusabile, giudicando in base a una legge

precedente, non più vigente perché in contrasto con quella successiva.
Questa difesa ritiene che manchi, nell'attività giurisdizionale di che trattasi, quella completa analisi degli atti, che è necessaria per l'emanazione di un provvedimento (sentenza) coerente e giusto.
Si ritiene che siano responsabili per colpa grave, se non per dolo, i magistrati del Consiglio di Stato che hanno emesso la Decisione N.4149/2006, sia coloro che hanno emesso la successiva Decisione n.2574/2007, poichè, confidando nella correzione dell'errore attraverso il passaggio in giudicato del provvedimento, hanno violato l'art.11, comma 1, e l'art.15, seconda ipotesi, delle disposizioni sulla legge in generale; e ciò non può essere esente da responsabilità.
Il Calbi è stato, persino, condannato alle spese nella modica misura di €.5000.
La Decisione del Consiglio di Stato n.4149/06, emessa a seguito di errore di diritto (come afferma candidamente lo stesso Consiglio di Stato con la Decisione n.2574/07, pag.5), ma da considerarsi in violazione di legge, ha certamente causato un grave danno al Calbi (danno risarcibile ex art.2043 C.C.) perchè l'effettiva e constatata, omessa indicazione delle dichiarazioni di voto da parte della Commissione d'esame, avrebbe condotto all'annullamento della valutazione impugnata con conseguente ripetizione della valutazione stessa (la quale avrebbe potuto anche ottenere esito favorevole).
Pertanto   C I T A
1) IL PRESIDENTE DEL CONSIGLIO DEI MINISTRI IN CARICA, nel domicilio ex lege presso l'Avvocatura Generale dello Stato, in Roma, Via dei Portoghesi,12;
2) Il Presidente del Consiglio dei Ministri in Carica, in Roma, Palazzo Chigi;
a comparire avanti al Tribunale Civile di Roma, in Viale Giulio Cesare,54/b, all'udienza che il Giudice designato della designanda sezione terrà il giorno 15 maggio 2008, ore di rito, e li invita a costituirsi in giudizio nei modi e termini stabiliti dagli artt.163 e 166 c.p.c., venti giorni prima dell'udienza fissata, con l'avvertimento che in difetto

incorreranno nelle decadenze di cui all'art.167 c.p.c., per ivi sentire accogliere le seguenti conclusioni:
previa declaratoria di ammissibilità, voglia il Tribunale di Roma, in accoglimento della domanda, dichiarare la responsabilità civile dei magistrati suindicati, per colpa grave, a norma dell'art.2, comma 3, lett.a) e b), della Legge n.117/88; e conseguentemente condannare lo Stato Italiano, in persona del Presidente del Consiglio dei Ministri, al risarcimento del danno nei confronti dell'attore Calbi Francesco, nella misura simbolica di €.1000, o in quella maggiore o minore da stabilirsi anche secondo equità.
Con vittoria di spese, competenze e onorari.
Si allegano i seguenti documenti: 1) sentenza TAR Lazio N.520/99; 2) sentenza TAR Lazio n.8130/00; 3) sentenza TAR Lazio n.3285/02; 4) sentenza TAR Lazio n.1555/03; 5) Decisione Cons.di Stato N.4149/2006; 6) Decisione C.d.S. n.2574/2007; 7) verbale 20.9.96; 8) verbale 14.3.97; 9) verbale 28.5.98.
Il valore della presente controversia è della misura simbolica di €.1000.
Roma, 17.1.2008 (avv. Liliana Zuccardi Merli)
Si notifichi a:
1) Presidente del Consiglio dei Ministri in carica, domiciliato ex lege presso l'Avvocatura Generale dello Stato, in Roma, Via dei Portoghesi, 12;
2) Presidente del Consiglio dei Ministri in carica, in Roma, Palazzo Chigi.

si che anche l'eventuale richiamo ad una norma abrogata non altererebbe l'autosufficienza della parte motiva;

l'attore è in conseguenza carente di interesse sul punto, come ben argomentato dalla Difesa erariale, poiché anche escludendo il richiamo alla legge 242 del 1988 la sentenza del Consiglio di Stato non sarebbe mutata essendo comunque, fondata sulla sufficienza dell'indicazione del voto numerico in sede di verbalizzazione delle operazioni d'esame;

infatti da un lato nella decisione 4149 del 2006 il contestato richiamo ad una norma abrogata è risultato irrilevante e dall'altro il processo motivazionale si è risolto esclusivamente in attività interpretativa.

Il Tribunale, dunque, con ordinanza anziché con decreto, dichiara inammissibile la domanda motivando: "anche l'eventuale richiamo ad una norma abrogata non altererebbe l'autosufficienza della parte motiva;

"l'attore è in conseguenza carente di interesse sul punto ... poiché anche escludendo il richiamo alla legge 242 del 1988 la sentenza del Consiglio di Stato non sarebbe mutata essendo comunque fondata sulla sufficienza del voto numerico in sede di verbalizzazione delle operazioni di esame;

"infatti da un lato nella decisione 4149 del 2006 il contestato richiamo ad una norma abrogata è risultato

irrilevante e dall'altro il processo motivazionale si è risolto esclusivamente in attività interpretativa".
Condanna a pagare €.5000 di spese.

Ed ecco che: dopo che il TAR ha richiesto con tre ordinanze il deposito dei documenti prescritti dalla legge n.142 del 1989; visto che l'amministrazione non poteva depositarli avendo agito contro legge; lo stesso TAR ha respinto i ricorsi sulla base della legge abrogata; il Consiglio di Stato ha respinto l'appello ritenendo che la legge abrogata e quella vigente riguardano profili diversi della procedura; e lo stesso Consiglio di Stato ha respinto anche il ricorso per revocazione certificando che si è trattato di errore di diritto e non errore di fatto.
Il Tribunale Civile, infine, di fronte all'evidenza dell'errore di diritto, ha respinto la domanda ritenendo che seppure fosse stata applicata la legge vigente anziché quella abrogata l'esito dei ricorsi sarebbe stato il medesimo.

È stato proposto appello, nella forma del reclamo, avanti la Corte di Appello di Roma che pure lo ha respinto.

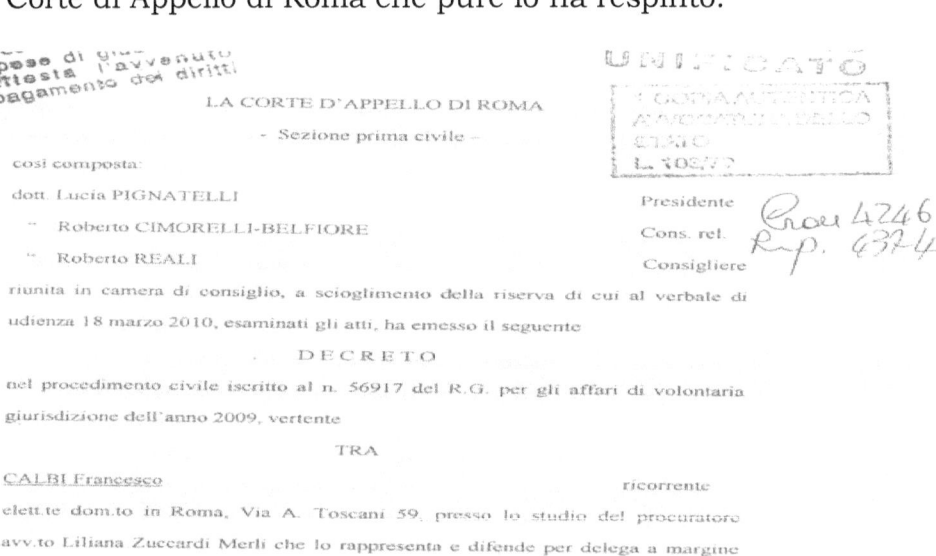

> che, peraltro, il Tribunale (diversamente da quanto deduce il reclamante) non si è pronunciato sull'eventuale esito dell'applicazione dell'una o dell'altra normativa, essendosi semplicemente limitato a rilevare come la pronuncia di rigetto dell'appello sia stata emessa indipendentemente da quell'incidentale giudizio di compatibilità delle indicate normative, risultando al contrario fondata sulla diversa considerazione – svolta in conformità con il "costante indirizzo della Sezione negli esami di abilitazione alla professione forense" – secondo cui, per ritenersi legittimo il voto finale (atteso che l'appellante aveva censurato la mancata verbalizzazione dei voti espressi da ogni singolo commissario), è "sufficiente la verbalizzazione del solo voto complessivo risultante dalla media dei singoli punti attribuiti dai vari commissari a ciascuna prova scritta del candidato";

Il Tribunale non si è pronunciato sull'applicazione dell'una (legge vigente) o l'altra legge (abrogata), ma si è limitato a ritenere legittimo il voto finale e "sufficiente la verbalizzazione del solo voto complessivo". Mentre la legge vigente prevedeva la verbalizzazione dei voti espressi da ciascun commissario.
Il "costante indirizzo della Sezione" è dunque contrario alla legge.

> ritenuto che la mancanza di una specifica denominazione attribuita dal Tribunale al provvedimento medesimo non è ostativa ad una qualificazione di esso in termini di decreto motivato presentando di questo i prescritti requisiti, ossia una

Anche se la decisione non è stata presa con decreto, il provvedimento può essere qualificato decreto.

Per concludere si è ricorso in Cassazione perché la Suprema Corte concludesse la vicenda con una ulteriore acrobazia, in linea con le altre.

In primo luogo, la Corte non vede "quale interesse giuridicamente apprezzabile abbia la parte alla intitolazione formale dei provvedimenti".

Ma è la legge che prevede la decisione nella forma del Decreto. Non c'è mai un interesse alla intitolazione dei provvedimenti, è soltanto una previsione di legge.

N. 26264/11

LA CORTE SUPREMA DI CASSAZIONE

SESTA SEZIONE CIVILE - 3

Composta dagli Ill.mi Sigg.ri Magistrati:

Dott. ROBERTO PREDEN - Presidente -
Dott. ADELAIDE AMENDOLA - Rel. Consigliere -
Dott. GIOVANNI GIACALONE - Consigliere -
Dott. FRANCO DE STEFANO - Consigliere -
Dott. LUIGI ALESSANDRO SCARANO - Consigliere -

Oggetto

CONTRATTI E OBBLIGAZIONI IN GENERE

ha pronunciato la seguente

ORDINANZA

sul ricorso 27435-2010 proposto da:

CALBI FRANCESCO, CLBFNC60M19H501O, elettivamente domiciliato in ROMA, VIA ANTONIO TOSCANI 59, presso lo studio dell'avvocato ZUCCARDI MERLI LILIANA, che lo rappresenta e difende giusta procura a margine del ricorso;

- ricorrente -

contro

PRESIDENZA DEL CONSIGLIO DEI MINISTRI, in persona del Presidente pro tempore, elettivamente domiciliata in ROMA, VIA DEI PORTOGHESI 12, presso l'AVVOCATURA GENERALE DELLO STATO, che la rappresenta e difende ope legis;

In ogni caso le critiche ignorano del tutto le argomentate ragioni della decisione della Corte d'appello, in ordine alla qualificazione, in termini di decreto, del provvedimento del Tribunale, così lasciandone intatta la capacità di giustificare la decisione adottata.

Infine, e conclusivamente su questo punto, non si vede quale interesse giuridicamente apprezzabile abbia la parte alla *intitolazione formale* dei provvedimenti, profilo in cui

Inoltre, sull'errore di diritto, afferma la Suprema Corte che "l'incidentale giudizio di compatibilità della disciplina dettata dalla legge 242 del 1988 nonché dalla successiva legge 142 del 1989, nel quale l'errore stesso consisterebbe, NON INTEGRAVA LA VERA RATIO DECIDENDI dei provvedimenti dei giudici amministrativi, ratio che era invece da ravvisarsi nella ritenuta sufficienza del solo voto complessivo".

Ma anche in questo caso, c'è una legge che prevede la verbalizzazione dei voti di ciascun commissario e non il voto complessivo. La vera ratio decidendi è dunque in contrasto con la legge e la Corte di Cassazione, giudice delle leggi, doveva rilevare la violazione.

esclusa dal decidente sull'assunto che l'incidentale giudizio di *compatibilità* della disciplina dettata dalla legge 242 del 1988 nonché dalla successiva legge 142 del 989, nel quale l'errore stesso consisterebbe, non integrava la vera *ratio decidendi* dei provvedimenti dei giudici amministrativi, *ratio* che era invece da ravvisarsi nella ritenuta sufficienza della verbalizzazione del solo voto complessivo, risultante dalla media dei singoli punti attribuiti dai vari commissari, ai fini della legittimità del voto finale.

ALLEGGERIMENTO

Ora per dare un po' di colore, ma anche per dimostrare che avrei potuto raggiungere la Calabria o la Spagna, ovvero che sono in grado di prendere un treno o un aereo, inserisco una digressione geografica, fotografica, autobiografica.

Mi sono laureato nel luglio del 1987 con una tesi in Economia Politica che aveva per titolo "L'Efficienza della Pubblica Amministrazione". La tesi è la prima vera espressione dello studente. La mia tesi è autopubblicata e presente nel web, contrariamente al divieto che protegge la quasi totalità dei laureati dei quali non è possibile leggere l'opera, neanche dei migliori, neanche per imparare.

Nell'estate del 1985, in due, con ADiElle, abbiamo attraversato il Sahara con una Renault 4, nel Niger, siamo andati a conoscere i Bororo, un popolo nomade del deserto, quindi abbiamo continuato fino in Costa d'Avorio e poi fino a Dakar, in Senegal, un viaggio di tre mesi.

Nell'estate del 1988 invece con Piter abbiamo visitato la Cina (un anno prima della Tienanmen), quindi la Thailandia, lo Sri Lanka e Amsterdam, un viaggio di tre mesi.

Nell'inverno del 1989 ho seguito il corso di preparazione all'esame di stato offerto dal Consiglio dell'Ordine degli Avvocati di Roma, a Piazza Cavour.
E nell'estate del 1989 abbiamo visitato la Thailandia, il Laos, il Vietnam, la Cambogia, l'India, il Nepal per tre mesi. In Cambogia non esistevano tribunali civili. Non so se attualmente siano stati istituiti. Il tribunale civile è uno degli elementi costitutivi della civiltà, appunto.

Quindi, nel dicembre del 1989 ho svolto i primi tre temi per l'esame di procuratore legale e non sono stato ammesso agli orali.
Nell'estate del 1990 sono andato alla scoperta di New York City, poi in Messico e in Guatemala per due mesi. Ho venduto alcune foto a "Il Venerdì di Repubblica" e ho pubblicato un articolo su N.Y.C. per la rivista musicale Velvet.

Ma nel dicembre 1990 sono tornato all'Hotel Ergife per ripetere l'esame di stato e ancora una volta non sono stato ammesso agli orali.
Nell'estate del 1991, così, ho visitato la Svizzera e poi Berlino, poco dopo la caduta del "muro", per circa due mesi.
E nel dicembre del 1991 ho svolto altri tre temi per lo stesso esame di stato. Ma non sono stato ammesso agli orali.

Nell'estate del 1992, comunque, sono andato in viaggio nel nord dell'India, cioè nel Kashmir e in particolare nel Ladakh e nello Zanskar, a piedi a 5ooo metri, sull'Himalaya per un mese. Fantastico. Ne abbiamo ricavato un paio di mostre fotografiche in Svizzera, a Ginevra.

Nel dicembre del 1992, alle ore 9, però, ero ancora impegnato nello svolgimento dei soliti quesiti di diritto. Mi accadde in quei giorni di essere espulso, con i militi che mi spintonavano, perchè fui trovato in piedi a mangiare qualcosa, dopo aver finito il tema e prima di trascriverlo in bella copia (come tutti i candidati usano fare). Il Tar mi riammise alla correzione, ma fui ancora ritenuto inidoneo, seppure in violazione di alcune norme. Il Tar, infatti, ha ordinato che i miei temi fossero nuovamente esaminati da una commissione nominata ad hoc.

Nell'estate del 1993 ero in Canada, nel Quebec, in autostop. Visitavamo le riserve degli Amerindiani, gli Algonchini e i Montagnais, i Nativi del continente americano: l'unico popolo che non è rappresentato all'Onu e che rifiuta di essere rappresentato in Parlamento in quanto non lo riconosce. Ho visitato il Palazzo di Giustizia di Montreal. Quindi, transitando per New York City, fui in Equador per alcuni giorni e in tutto fu un viaggio di due mesi.

E nel dicembre del 1993 eccomi di nuovo all'Hotel Ergife. Non ammesso agli orali.

Nell'aprile del 1994 feci un viaggio fotografico di due settimane nel Benin (West Africa) in un villaggio di palafitte (Ganvié), con rientro per un paio giorni via Mosca. E nell'estate del 1994 andai a finire in Sud Africa, nel Malawi, nello Zambia e nello Zimbabwe.

Ma a dicembre del 1994 ero sempre alle prese con lo svolgimento degli stessi temi, in favore di Tizio o di Caio. E ancora una volta non venivo ammesso agli orali.

Quindi tentai di nuovo la sorte nel dicembre del 1995 e finalmente fui ammesso agli orali.

Nell'estate del 1996 soggiornai per un mese a Los Angeles, dove visitai la Scool of Law della UCLA e visitai il Palazzo di Giustizia, oltre Hollywood, Beverly Hills, Malibu, Las Vegas. A Los Angeles si può affittare un appartamento in circa mezz'ora, con regolarissimo contratto annuale. Allo stesso modo si può noleggiare una macchina in trenta secondi. Stessi tempi per la riconsegna.

Il 20 settembre del 1996, al rientro, fui ancora ritenuto inidoneo al superamento dell'esame di stato, ma agli orali, questa volta. E così, nel dicembre dello stesso anno, svolsi il ventiduesimo, il ventitreesimo e il ventiquattresimo dei miei temini, ancora sottovalutati.
Nel frattempo vari ricorsi da me proposti presso la Commissione Europea dei Diritti dell'Uomo sono stati dichiarati "ricevibili", con conseguente condanna del governo italiano al risarcimento del danno. E negli stessi anni ho frequentato tutti gli uffici giudiziari, civili, penali, amministrativi, del lavoro, tributari, fino ai più nascosti, a Genova, a Firenze, a Grosseto, a Potenza, a Matera, a Roma. Senza mai tuttavia poter sottoscrivere gli atti a mio nome.
Il 3 luglio del 1997 eravamo a Hong Kong, nel pieno dei festeggiamenti iniziati il primo luglio per il ritorno dell'isola alla Cina, decorsi i 99 anni di protettorato inglese e i 155 di effettiva amministrazione. Abbiamo seguito il corso del Maekong, controcorrente verso le sorgenti, ma siamo stati fermati al confine con il Tibet per mancanza di visto e quindi abbiamo continuato verso sud in canoa e in barca attraverso il Laos fino a Bangkok. Il Laos risultava uno dei paesi meno sviluppati perchè non aveva una televisione di

stato. A ottobre poi venivo incredibilmente bocciato agli orali e a dicembre sostenevo ancora gli scritti per il nono anno consecutivo, ancora insufficiente.

Nel 1998 acquistavo un vespino 50 cc. a Bombay e attraversavo mezza India, fino alla punta sud del Kerala, per 3000 km., al seguito di due intrepidi viaggiatori impegnati nel giro del mondo in bicicletta, che è durato otto anni. A Bombay ho visitato l'alta Corte e anche un Tribunale di infortunistica ove ho appreso che in India si segue il processo di tipo inglese e gli avvocati si affacciano da un pulpito sopraelevato nell'aula, di fronte al palco del giudice anch'esso sopraelevato. Nel Kerala siamo andati in uno studio notarile per autenticare una procura a mio nome da parte dei viaggiatori ciclisti. E ho smesso di sostenere gli scritti all'esame di stato.

Nel 1999 ho navigato il Rio delle Amazzoni fino a Manaus in amaca sui barconi. Nel palazzo di giustizia di Manaus non si tenevano le udienze ma l'abbiamo potuto visitare, con gli arredi in legno delle aule e i ritratti dei vari presidenti, tutti bianchi.

Nel 2000 completavamo il nostro giro del mondo in Patagonia, nella terra del fuoco, in pieno inverno australe, fino all'ultima città abitata a sud del pianeta, in Cile, Puerto Williams. Il tribunale più australe è nella cittadina al di là del canale, Ushuaia, in Argentina, in una villetta ex Hotel Antartica, attualmente chiuso. Visitiamo invece il presidio, l'ex carcere di massima sicurezza costruito dagli stessi detenuti politici ora trasformato in museo.

Concluso il giro del mondo ho continuato con i ricorsi fino a oggi, che festeggio trenta anni di attività professionale, ancora non iscritto, seppure assolto dal reato di esercizio abusivo.

L'ESAME DI STATO

Nel 1998, mio padre, avv. Nicola Calbi, inviò un reclamo all'Antitrust, al quale il Segretario Generale rispose, comunicando che l'Autorità Garante aveva già svolto una specifica Indagine conoscitiva sugli ordini professionali e sull'Esame di Stato, all'esito della quale indagine era emerso che vi erano "pressioni corporative" sulle valutazioni, non era garantita la imparzialità così come era "sacrificata la terzietà"; e la presenza in maggioranza degli stessi avvocati nelle Commissioni "può influenzare gli esiti della selezione restringendo il numero di chi intende accedere alla professione".

*Autorità Garante
della Concorrenza e del Mercato*

Proc. n. IC15
Prot 21193

00187 Roma,
Via Liguria, 26 - Tel. 06 481621

Avv. Nicola Calbi
Via Capraia, 75
00139 Roma

Gentile Avvocato,

con riferimento alle Sue segnalazioni pervenute in data 6 e 9 marzo 1998, l'Autorità Garante della Concorrenza e del Mercato comunica che il tema da Lei segnalato è stato oggetto di specifica trattazione nell'Indagine conoscitiva sugli ordini e collegi professionali conclusasi in data 3 ottobre 1997, del cui provvedimento conclusivo si allega copia.

In quella occasione l'Autorità ha specificamente trattato il tema dell'esame di Stato sottolineando che esso *"dovrebbe essere diretto ad accertare, nell'interesse della collettività e dei committenti, che il professionista abbia i requisiti di preparazione attitudinale e capacità tecnica occorrenti per il retto esercizio della professione e dovrebbe rappresentare la garanzia dell'esistenza dei requisiti minimi per l'esercizio delle attività. Data la natura degli interessi protetti, il controllo circa il possesso da parte dell'aspirante professionista dei necessari requisiti dovrebbe essere effettuato al di fuori di eventuali pressioni corporative da un organo amministrativo imparziale (la Commissione esaminatrice).*

Il principio di imparzialità al quale deve essere informata la composizione della Commissione esaminatrice, impone che nella formazione della stessa il carattere esclusivamente tecnico del giudizio debba risultare salvaguardato da ogni rischio di deviazione verso interessi di parte o comunque diversi da quelli propri dell'esame. In tal senso non può certo essere riservato agli ordini un ruolo dominante nella fase di accertamento del possesso dei requisiti del candidato. Ciò infatti equivale a sacrificare la terzietà di chi contribuisce a stabilire il numero di coloro che sono ammessi ad entrare nel mercato."

E' per tutti pacifico che l'esame di Stato, affinché risulti funzionale alle finalità per le quali è stato previsto, debba essere condotto secondo criteri uniformi sul territorio nazionale e debba essere volto ad accertare l'effettiva competenza dei candidati secondo un riconoscimento paritario di capacità occorrenti per l'esercizio della medesima professione.

Tuttavia, al raggiungimento di tale obiettivo potrebbe ostare sia la designazione da parte degli ordini del novero dei membri nell'ambito del quale viene effettuata la scelta dei componenti, sia la presenza della maggioranza degli stessi nelle commissioni. In tal modo i professionisti già operanti sul mercato hanno la possibilità di influenzare gli esiti del processo di selezione, restringendo il numero di coloro che intendono accedere alla professione al di là di quanto sarebbe giustificato su una mera base qualitativa.

Poiché l'Autorità ha già espresso le proprie osservazioni in merito nell'indagine conoscitiva, in data 4 giugno 1998 ha deliberato l'archiviazione del caso.

Con l'occasione si porgono distinti saluti.

IL SEGRETARIO GENERALE

Il Messaggero del 25 ottobre 1997.

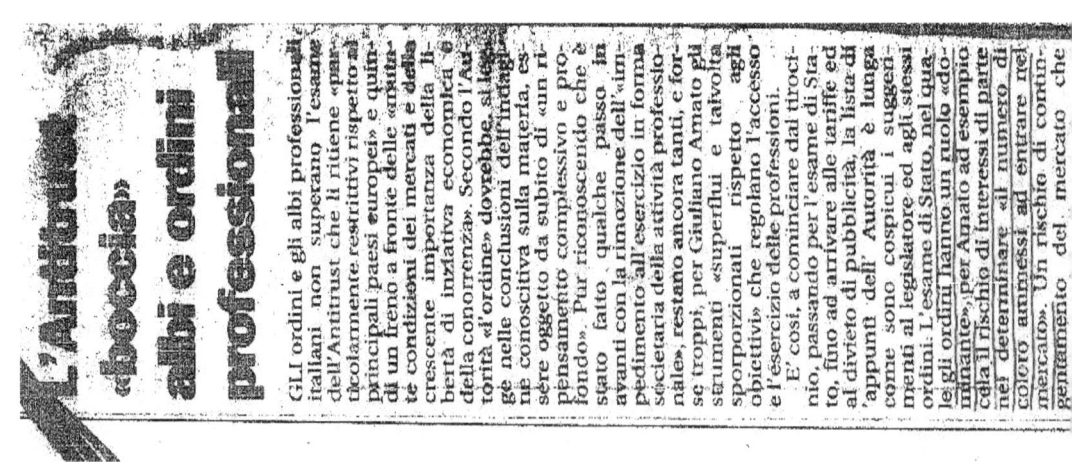

Nel 1999, in risposta a una mia specifica istanza, il Presidente della Corte di Appello di Roma, ha certificato che in dieci anni, dal 1989, anno del mio primo esame di stato, al 1999, soltanto DUE CANDIDATI sono stati valutati con il massimo dei voti nelle prove scritte dell'esame di stato. A Roma ogni anno partecipano all'esame oltre 3000 laureati, quindi due su trentamila hanno avuto il massimo dei voti, cioè 50-50-50.

Gli altri, in una percentuale ristretta di 3 su 10, in genere vengono valutati tutti appena sufficienti e addirittura insufficienti in una materia. La quasi totalità dei voti assegnati è 30-30-30, che è il minimo sufficiente, alternato con 29-30-31 e 28-30-32.

Ho chiesto di confrontare i miei primi scritti del 1989 con quelli che hanno avuto il massimo dei voti ma mi è stato negato l'accesso per garantire la privacy. Non è possibile, è vietato leggere le prove scritte di chiunque, anche dei migliori, neanche per imparare.

È evidente che la prova regina dell'illiceità dell'esame di stato è lì. Neanche alle olimpiadi c'è una percentuale simile, due su trentamila. Abbiamo due fenomeni di quel genere e li manteniamo anonimi.

CORTE DI APPELLO DI ROMA

38696   COMMISSIONE ESAME AVVOCATO - 7 DIC. 1999

AL DOTT. Francesco CALBI
Via Capraia, 75 sc. i/4
00139   R O M A

e,p.c.:   AL CONSIGLIO DELL'ORDINE DEGLI AVVOCATI

R O M A

Con riferimento alla sua richiesta, comunico che nel periodo dal 1989 ad oggi, due candidati hanno conseguito gli esami di abilitazione alla professione forense riportando, nelle prove scritte il massimo della votazione prevista dalla legge (cioè 50-50-50) ed altri 12 candidati hanno ottenuto un 50 in almeno una delle tre prove scritte.

3000 LAUREATI L'ANNO
10 ANNI = 30.000 CANDIDATI

IL PRESIDENTE DELLA CORTE
Tommaso Figliuzzi

☎ 800 90 66 90

Diventa Avvocato in Spagna

eurolaurea
info@eurolaurea.com

Con Eurolaurea puoi diventare Avvocato in Spagna senza sostenere l'esame di Stato in Italia

Tre formule a tua disposizione, Full, Light e Basic

Affrettati, hai tempo fino ad ottobre 2011

Chiama il numero verde gratuito ☎ 800 90 66 90

eurolaurea
info@eurolaurea.com

Powered by **IURIS CONSULT** s.r.l.
V.le Roma 128 - 54100 Massa
Tel.: +39 0585 026951
Fax: +39 0585 042918
www.omologazionetitoli.it
info@omologazionetitoli.it

CORSO ON-LINE E PROVA DI OMOLOGAZIONE TITOLO DI LAUREA 2009

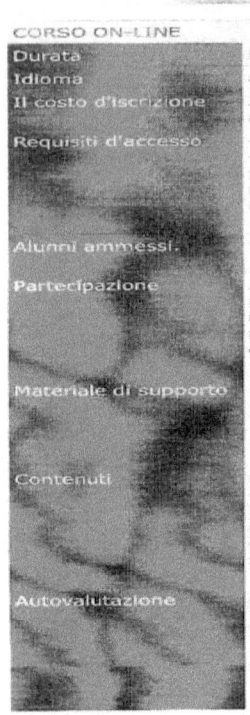

CORSO ON-LINE	
Durata	Luglio 2009 - Novembre 2009.
Idioma	a scelta tra ITALIANO o Spagnolo.
Il costo d'iscrizione	Il costo d'iscrizione al corso, comprensiva delle prove di esame ammonta a €4.500.
Requisiti d'accesso	-Riservato in esclusiva solo ai clienti di omologazionetitoli.it -Aver **presentato anche** solo la richiesta e tutta la documentazione per l'omologazione del titolo presso il Ministero Spagnolo. (Per partecipare al corso non necessita né la resolucion provvisoria né quella definitiva).
Alunni ammessi	Numero chiuso. Accesso **limitato** alle prime **200 iscrizioni**.
Partecipazione	Il corso sarà esclusivamente on-line; Essendo un corso organizzato su piattaforma virtuale non sono previste sessioni presenziali in Spagna neanche brevi; la preparazione somministrata dall'università non prevede lezioni frontali ma verranno poste a disposizione degli alunni dispense e prove di autovalutazione.
Materiale di supporto	Il materiale didattico verrà fornito direttamente dall'università entro il mese di luglio e sarà totalmente tradotto in ITALIANO da omologazionetitoli e reso disponibile sia nella versione originale in spagnolo che nella versione tradotta in italiano.
Contenuti	Preparazione della prova di omologazione su programmi di taglio **esclusivamente** comparatistico (dato che l'ordinamento giuridico italiano e quello spagnolo hanno moltissime similitudini, il presente corso avrà ad oggetto, per ogni materia, gli istituti giuridici e le discipline proprie dell'ordinamento iberico, su cui si andranno a sostenere gli esami di omologazione finali).
Autovalutazione	Durante il corso si effettueranno alcune prove sempre in ITALIANO e tipo TEST A CROCETTE, al fine di poter conoscere, durante lo sviluppo del corso, il livello di conoscenza del diritto positivo spagnolo via via acquisito. Detti test di autovalutazione non saranno tenuti in alcuna considerazione da parte dell'università al fine del superamento degli esami finali, ma avranno la caratteristica di essere solo orientativi.

E così si va in Spagna ad acquistare la laurea, con circa diecimila euro fai gli esami con test a crocette in italiano. E vanno migliaia di laureati. Anch'io ho chiesto l'omologazione dei miei esami universitari e sarei andato, a Madrid, a Barcellona: impariamo lo spagnolo, vediamo le differenze con il diritto italiano, è interessante. Quando ho saputo che la grande meta era una cittadina di mare invasa dai dottori in legge nostrani a fare quiz a crocette in italiano, non ce l'ho fatta, così come non ce l'ho fatta a trasferire falsamente la residenza in Calabria.

Al contrario, decine di migliaia di laureati trasmigrano e si sottomettono all'illecito, vendono il proprio diritto con la pretesa di difendere i diritti altrui, come anche l'ex Ministro dell'Istruzione e tanti altri.

CORRIERE DELLA SERA

- Corriere della Sera >
- Cronache >
- Da Brescia a Reggio CalabriaCosì la Gelmini diventò avvocato

Nella città calabrese l'anno precedente il record di ammessi con il 93 per cento

Da Brescia a Reggio Calabria
Così la Gelmini diventò avvocato

L'esame di abilitazione all'albo nel 2001.
Il ministro dell'Istruzione: «Dovevo lavorare subito»

Novantatré per cento di ammessi agli orali! Come resistere alla tentazione? E così, tra i furbetti che nel 2001 scesero dal profondo Nord a fare gli esami da avvocato a Reggio Calabria si infilò anche Mariastella Gelmini. Ignara delle polemiche che, nelle vesti di ministro, avrebbe sollevato con i (giusti) sermoni sulla necessità di ripristinare il merito e la denuncia delle condizioni in cui versano le scuole meridionali. Scuole disastrose in tutte le classifiche «scientifiche» internazionali a dispetto della generosità con cui a fine anno vengono quasi tutti promossi.

La notizia, stupefacente proprio per lo strascico di polemiche sulla preparazione, la permissività, la necessità di corsi di aggiornamento, il bagaglio culturale dei professori del Mezzogiorno, polemiche che hanno visto battagliare, sull'uno o sull'altro fronte, gran parte delle intelligenze italiane, è stata data nella sua rubrica su laStampa.it da Flavia Amabile. La reazione degli internauti che l'hanno intercettata è facile da immaginare. Una per tutti, quella di Peppino Calabrese: «Un po' di dignità ministro: si dimetta!!» Direte: possibile che sia tutto vero? La risposta è nello stesso blog della giornalista. Dove la Gelmini ammette. E spiega le sue ragioni.

Un passo indietro. È il 2001. Mariastella, astro nascente di Forza Italia, presidente del consiglio comunale di Desenzano ma non ancora lanciata come assessore al Territorio della provincia di Brescia, consigliere regionale lombarda, coordinatrice azzurra per la Lombardia, è una giovane e ambiziosa laureata in giurisprudenza che deve affrontare uno dei passaggi più delicati: l'esame di Stato.

Per diventare avvocati, infatti, non basta la laurea. Occorre iscriversi all'albo dei praticanti procuratori, passare due anni nello studio di un avvocato, «battere» i tribunali per accumulare esperienza, raccogliere via via su un libretto i timbri dei cancellieri che accertino l'effettiva frequenza alle udienze e infine superare appunto l'esame indetto anno per anno nelle sedi regionali delle corti d'Appello con una prova scritta (tre temi: diritto penale, civile e pratica di atti giudiziari) e una (successiva) prova orale. Un ostacolo vero. Sul quale si infrangono le speranze, mediamente, della metà dei concorrenti. La media nazionale, però, vale e non vale. Tradizionalmente ostico in larga parte delle sedi settentrionali, con picchi del 94% di respinti, l'esame è infatti facile o addirittura facilissimo in alcune sedi meridionali.

Un esempio? Catanzaro. Dove negli anni Novanta l'«esamificio» diventa via via una industria. I circa 250 posti nei cinque alberghi cittadini vengono bloccati con mesi d'anticipo, nascono bed&breakfast per accogliere i pellegrini giudiziari, riaprono in pieno inverno i villaggi sulla costa che a volte propongono un pacchetto «all-included»: camera, colazione, cena e minibus andata

Speroni, neo-avvocato furbetto

IL LEGHISTA PASSA L'ESAME A BRUXELLES: "PERCHÉ È MOLTO PIÙ FACILE CHE IN ITALIA"

di Elisabetta Reguitti

Francesco Speroni principe del foro di Bruxelles. È l'ultima roboante voce del curriculum dell'eurodeputato leghista, nonché suocero del capogruppo alla Camera Marco Reguzzoni. Speroni ha avuto un problema nel processo di Verona sulle camicie verdi, ma poi si è salvato grazie all'immunità parlamentare. Anche lui era con Borghezio a sventolare bandiere verdi e a insultare l'Italia durante il discorso di Ciampi qualche anno fa, quando gli italiani hanno bocciato, col referendum confermativo, la controriforma costituzionale della devolution. E così commentò: "Gli italiani fanno schifo, l'Italia fa schifo perché non vuole essere moderna!". Ecco, l'onorevole padano a maggio ha ottenuto l'abilitazione alla professione forense in Belgio (non come il ministro Gelmini che ha scelto Reggio Calabria) dopo ben 12 anni dalla laurea conseguita a Milano. Speroni dunque potrà difendere "occasionalmente in tutta Europa" spiega lo stesso neoavvocato raggiunto telefonicamente.

Perché Bruxelles?
Perché in Italia è molto più difficile mentre in Belgio l'esame, non dico sia all'acqua di rose, ma insomma è certamente più facile. Non conosco le statistiche, ma qui le bocciature sono molte meno rispetto a quelle dell'esame di abilitazione in Italia".

Esistono due Consigli degli Ordini, uno francese e l'altro fiammingo.
Io sono iscritto a quello francese.

A Bruxelles l'avvocato esercita in ogni area legale ma quelli abilitati a difendere avanti la Corte di Cassazione vengono nominati dal Re. Onorevole è arrivato anche al Re?
Assolutamente no e considerato che ho 56 anni penso mi fermerò qua. Faccio consulenze per gli italiani in Belgio. E poi difendo gli amici che prendono contravvenzioni.

Lei che ha raggiunto i 316 chilometri all'ora in Germania.
Appunto. Io non sono mai stato fuorilegge. In Germania si può.

Ma che macchina aveva?
Una Nissan Gtr da 80 mila euro.

È vero che da consigliere regionale lombardo (1987) aveva spostato la sua residenza da Busto Arsizio a Roma-ladrona per avere il rimborso?
Ora le spiego come sono andate le cose. Non l'ho fatto per arricchirmi anche se al tempo si parlava di un milione di lire. L'ho fatto per far cambiare la norma in vigore di cui beneficiava anche il collega Marco Taradash.

Da ex dipendente (steward) Alitalia viaggiava gratis, ma incassava i rimborsi. Lei è un baby pensionato oltre che europarlamentare.
Mai stato steward, ma tecnico di volo. Una figura che non c'è più. Me ne sono andato prima che mi licenziassero. Sono andato in pensione a 50 anni. Percepisco una pensione Inps come molti altri miei colleghi. Sono un privilegiato, ma non mi vergogno. Come europarlamentare guadagno tra i 7 e gli 8 mila euro netti al mese. I soldi dei rimborsi allora li versavo al partito.

La si vede poco in tv. Nel suo partito dicono che sia stato censurato perché avrebbe confermato che Berlusconi e Bossi hanno sottoscritto un patto dal notaio.
Non mi sono mai sentito censurato. Il patto è evidente che l'abbiano sottoscritto. Che sia davanti a un notaio oppure no poco cambia. Noi sosteniamo il governo. Il voto a Saverio Romano lo dimostra.

TARANTO PROVINCIA
Mercoledì 1 dicembre 2010

Il consigliere provinciale dell'Idv sul caso di un aspirante avvocato in attesa da 24 anni

Brigante: sempre più complicato accedere al mondo delle professioni

Giovanni Brigante

"In un momento di straordinaria difficoltà per i giovani che non trovano lavoro, con il precariato diventato ormai una vera e propria piaga sociale, diventa sempre più intollerabile un sistema di accesso alle professioni che spesso umilia il merito e favorisce i furbi". È quanto afferma il consigliere provinciale de l'Italia dei Valori, Giovanni Brigante, che mette il dito in una piaga sociale.

"Leggendo i giornali veniamo a conoscenza di storie di ordinaria frustrazione: migliaia di laureati a cui non viene riconosciuto il minimo compenso per il tirocinio, ragazzi che rifanno due, cinque volte lo stesso esame per potersi abilitare. Come se non bastasse, questi neodottori sono costretti a spendere fior di quattrini per iscriversi ai relativi ordini, per sostenere gli esami, per spostarsi da una città all'altra per lo svolgimento delle prove. E così passano gli anni e le preoccupazioni aumentano vertiginosamente: incertezza per il futuro, impossibilità di mettere su famiglia, il senso di impotenza che prende il sopravvento sulla speranza di cambiamento. Se vogliamo parlare il linguaggio della verità e schierarci con i fatti dalla parte delle nuove generazioni non possiamo rimanere indifferenti rispetto a questo stato di cose che coinvolge, evidentemente, non solo i diretti interessati, cioè i giovani, ma anche le loro famiglie".

"Da questo punto di vista - rimarca Brigante, -è davvero emblematica la storia di Francesco Calbi, avvocato di terza generazione praticante dal 1987, al quale non sono bastati 24 anni per superare l'esame di abilitazione. Ora, senza entrare nel merito di norme e procedure certamente legittime, risulta quanto meno singolare che un ragazzo laureatosi alla Sapienza di Roma, che ha svolto e ultimato la sua pratica nel 1989, non sia ancora riuscito, dopo tantissimi tentativi, a superare le prove di abilitazione. Tutta colpa sua o c'è qualcosa da rivedere? Siamo sicuri che fili tutto liscio? Siamo certi che l'accesso a questa come ad altre professioni premi effettivamente il merito? Dai documenti risulta che l'Autorità Garante ha già svolto una indagine nel 1997 conclusa nel senso che non è garantita la terzietà negli esami di stato. Lo stesso Ministro dell'Istruzione ha dovuto trattenersi altrove per superare l'esame».

"Non mi permetto, evidentemente, di mettere in discussione l'operato di ordini professionali e commissioni d'esame, ma che ci sia qualcosa che non va è peraltro testimoniato dalla crescente insoddisfazione dei giovani, i quali mettono sotto accusa un mondo delle professioni forse troppo rigido nella definizione degli stessi criteri di accesso e poco propenso, quanto pare, ad autoriformarsi. E d'altronde, non è sicuramente un caso che si parli sempre più spesso di "caste" a fronte di una spinta innovativa imperniata su un processo di liberalizzazione che a mio avviso non potrà non interessare in un battere effettivamente disoccupazione e precariato abbiamo bisogno anche di questi rimedi»."

IL PROCESSO

ESERCIZIO ABUSIVO DELLA PROFESSIONE

Successivamente, decorsi i sei anni previsti dalla legge, mi è stata revocata l'abilitazione provvisoria. Avverso la relativa delibera ho proposto ricorso al Consiglio Nazionale Forense, che con Decisione n.93/98 ha annullato il provvedimento di cancellazione. Ma il Consiglio non ha adempiuto e non l'ha mai fatto fino a oggi.

Conseguentemente alla detta Decisione, l'inadempimento ai miei danni viene certificato in più atti ma l'Ordine forense persevera fino all'estremo e fino alla vera negazione del diritto. Esprime lo sfregio il disprezzo l'eccesso di potere sfrontato ma non si capisce a difesa di cosa.

È un comportamento scadente e addirittura misero tale per cui dopo trenta anni ancora risulto non iscritto.

N. 93/98 R.G.

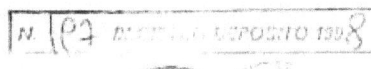

CONSIGLIO NAZIONALE FORENSE
REPUBBLICA ITALIANA
IN NOME DEL POPOLO ITALIANO

Il Consiglio nazionale forense, riunito in seduta pubblica, nella sua sede presso il Ministero di Grazia e Giustizia, in Roma, presenti i Signori:

- avv. Emilio Nicola BUCCICO	Presidente
- avv. Paolo CADDEO	Segretario
- avv. Carla GUIDI	Componente
- avv. Piero Guido ALPA	"
- avv. Alessandro BONZO	"
- avv. Eugenio CRICRI'	"
- avv. Pasquale FRANCO	"
- avv. Giacomo GAZZARA	"
- avv. Cesare MATTESI	"
- avv. Roberto PETIZIOL	"
- avv. Piero PETRECCA	"
- avv. Francesco ZURLO	"

con l'intervento del rappresentante del P.M. presso la Corte di Cassazione nella persona del Sostituto Procuratore Generale dott. Massimo Fedeli ha emesso la seguente

DECISIONE

sul ricorso presentato dal dr. Francesco Calbi avverso la decisione in data 31 dicembre 1997, con la quale il Consiglio dell'Ordine degli Avvocati di Roma lo cancellava dal Registro dei Praticanti Avvocati per compiuta pratica;

Il ricorrente, dott. Francesco Calbi, non è comparso;

Per il Consiglio dell'Ordine, regolarmente citato, nessuno è comparso;

convocato dinanzi al Consiglio nel giorno della deliberazione, è comunque indispensabile il previo invito a presentare le giustificazioni, anche per iscritto (Cass. 28.6.76 n. 2421), il che, dall'esame degli atti, non è avvenuto nella fattispecie in questione.

<u>P.Q.M.</u>

Il Consiglio nazionale forense, riunitosi in Camera di Consiglio;
Visti gli artt. 52 e segg. del R.D.L. 27.11.1933, n. 1578 e gli artt. 59 e segg. del R.D. 22.1.1934, n. 37;
In accoglimento del ricorso del dr. Francesco Calbi, dichiara la nullità del provvedimento di cancellazione dal registro dei praticanti avvocati.

Così deciso in Roma il 16 ottobre 1998

IL SEGRETARIO
f.to Paolo Caddeo

IL PRESIDENTE
f.to Emilio Nicola Buccico

Depositata presso la Segreteria del Consiglio nazionale forense, oggi

IL CONSIGLIERE SEGRETARIO
f.to Paolo Caddeo

Copia conforme all'originale

IL CONSIGLIERE SEGRETARIO
avv. Paolo Caddeo

Anche a seguito della Decisione del Consiglio Nazionale Forense di annullamento della cancellazione, ho chiesto al Ministro della Giustizia e al COA di essere iscritto all'Albo.

Il Ministro ha mandato gli atti allo stesso Consiglio Nazionale Forense che li ha mandati al Consiglio dell'Ordine di Roma, il quale non ha dato alcun cenno.

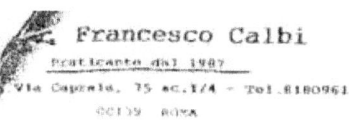

Francesco Calbi
Praticante dal 1987
Via Capraia, 75 sc.1/4 - Tel.8180961
00139 Roma

MINISTERO di GRAZIA e GIUSTIZIA
- 4 MAR. 1999
SEGRETERIA
MINISTRO
Prot. N° 2043/E

Consiglio dell'Ordine degli Avvocati
e p.c. Ministro di G. e Giustizia On. Diliberto
Piazza Cavour - 00193 Roma

Istanza a norma dell'art.1, 2, 3, 4, 33 n.5, 35, 36 della Costituzione.

Io, dr. Francesco Calbi, laureato e iscritto nel registro dei praticanti avvocati fin dal lontano 1987 (millenovecentOTTANTASETTE), avendo finora sostenuto n.9 (NOVE) prove scritte dell'esame di avvocato, con lo svolgimento di n.27 (VENTISETTE) temi, dal 1989 in poi;

Poiché ho necessità di eseritare la professione e di firmare gli atti a mio nome;

Poiché il Ministero di G. e Giustizia, per mano del direttore dell'Ufficio VII, con atto del 10.12.98, ha dichiarato che il Consiglio dell'Ordine ha l'esclusivo potere di disporre la mia iscrizione all'Albo;

In applicazione delle citate norme della Costituzione

chiedo

l'immediata mia iscrizione all'Albo degli Avvocati di Roma a far data dal 1989, anno di svolgimento della mia prima prova d'esame.

In via istruttoria, semmai, chiedo che il Consiglio adito voglia provvedere a confrontare i temi da me svolti nel 1989 con quelli svolti dal candidato che, nel 1989, abbia ottenuto il punteggio più alto, al fine di valutare, semmai, la disparità di trattamento.

Allego: copia dei 3 temi svolti nel 1989; copia della lettera del Ministero di G. e Giustizia.

Roma, 19.2.1999

| Segreteria del Ministro | Inoltrata da Settimi | Data di arrivo 3/3/99 |
| Destinatario Segreteria Ministro | N prot. uscita 1654/U | Data prot. uscita 4 MAR. 1999 |

Oggetto: Francesco CALBI, chiede immediata iscrizione all'albo avvocati, in subordine a comparire i Testi ha i candidati vincitori ed il suo.

Rif. preced. 539/98 - 499/98/0 D'Ambrosio / 1422/98 - 1214/98 D'Ambrosio

Destinatario Direzione Generale: avv. Buccico Consiglio Naz.le Forense

Si richiede cortesemente:
- [ ] schema lettera di risposta
- [ ] appunto contenente elementi per la risposta
- [ ] di suggerire modalità di intervento
- [ ] nota informativa
- [ ] lettera a firma Gabinetto o Direzione Generale
- [ ] di valutare se sussistano elementi di interesse
- [ ] di valutare opportunità incontro/ partecipazione invito
- [ ] di contattare direttamente l'interessato
- [x] si trasmette solo per conoscenza

CONSIGLIO NAZ. FORENSE
04.03.99 000436

Consiglio Nazionale Forense
presso
Ministero di Grazia e Giustizia

IL PRESIDENTE

Roma 27 MAR. 1999

Al Consiglio dell'Ordine
degli Avvocati
Palazzo di Giustizia
00193 Roma

Prot. n. 436/99-1

Segreteria Particolare del
Ministro di Grazia e
Giustizia
SEDE

→ Dott. Francesco Calbi
Via Capraia 75 SC. 1/4
00139 Roma

OGGETTO: Francesco Calbi - istanza iscrizione nell'Albo degli Avvocati di Roma a far data dal 1989; richiesta di accertamento istruttorio

Si trasmette, per quanto di competenza, l'istanza indicata in oggetto, qui pervenuta con nota prot. 1654/U del 4 marzo 1999 dalla Segreteria Particolare del Ministro di Grazia e Giustizia.

- avv. Emilio Nicola Buccico -

CNF/lt

Nel 2000 vengo processato per esercizio abusivo della professione, ex art.348 del Codice Penale. Chiedo che si proceda e rinuncio alla prescrizione, finchè nel 2012 sono assolto perché il fatto non costituisce reato.

La sentenza di assoluzione con una corposa motivazione certifica l'inadempimento dell'Ordine di Roma.

"Anche il contenzioso amministrativo – instauratosi a seguito della decisione di annullamento della cancellazione dal registro dei praticanti avvocati – documenta l'incontenibile insofferenza del Calbi per l'inottemperanza di fatto dimostrata dall'ordine professionale".

Così ha motivato la sentenza di assoluzione.

Per il capo B invece siamo ancora in appello, dal 2001, decorsi 16 anni. Si tratta della lettera P al posto della lettera A. Ma questo perché non è possibile essere puliti, una macchia bisogna comunque averla, anziché chiedere il favore a qualcuno oppure trasferire falsamente la residenza in Calabria oppure andare ad acquistare il titolo in Spagna.

N. 39395/2001 R.G. PROCURA
N. 17284/2007 R.G. TRIBUNALE

SENT. N 1351 /12 REG. SENT.
DATA DEL DEPOSITO 2 0 NOV. 2012
DATA DI IRREVOCABILITA'
N. ....REG. ESEC.
N. ....MOD.3 S.G.
REDATTA SCHEDA IL

TRIBUNALE ORDINARIO DI ROMA
IN COMPOSIZIONE MONOCRATICA
SEZIONE II PENALE

REPUBBLICA ITALIANA
IN NOME DEL POPOLO ITALIANO

Il Giudice della Seconda Sezione Penale **Chiara Bocola** alla pubblica udienza del **13 novembre 2012** ha pronunciato la seguente

SENTENZA

nei confronti di: **CALBI FRANCESCO**, nato il 19.8.1960 a Roma e con domicilio eletto in Roma alla via Capraia n. 75, scala I, int. 4

libero, presente

Imputato

A) **Del delitto di cui all'art. 348 c.p.** perchè sebbene cancellato dal registro dei praticanti avvocati abilitati presso il consiglio dell'ordine degli avvocati di Roma sin dal 31.12.1997, abusivamente esercitava la professione di avvocato; in particolare di difensore dell'indagato PIZZIGONI Filippo, nell'ambito del p.p. nr. 21483/01, depositando istanza ex art. 415 bis c.p.p. per rendere interrogatorio; presentandosi il giorno dell'interrogatorio delegato alla PG.

B) **Del delitto di cui agli artt. 477, 482 c.p.** perchè contraffaceva la tessera di praticante procuratore rilasciatagli dal consiglio dell'ordine degli avvocati di Roma in data 10.1.1992 con il nr. P/24605; in particolare sostituiva la lettera "P", del numero identificativo con la lettera "A".

Roma, commessi ed accertati nel luglio 2001.

Con la partecipazione di: - PM, dott.ssa SASO, VPO; - difensore di fiducia Avv. Liliana Zuccardi Merli del foro di Roma

Le parti hanno concluso come segue: - PM, condanna alla pena di mesi 7 di reclusione, previo riconoscimento delle attenuanti generiche e ritenuta la continuazione; - difesa, assoluzione per il capo A) della rubrica perché il fatto non sussiste; per il capo B) per non avere commesso il fatto.

MOTIVI DELLA DECISIONE

Con decreto emesso in data 18.4.2005 il PM citava a giudizio CALBI Francesco perché rispondesse dei reati ascrittigli in rubrica.
Nel corso del dibattimento, svoltosi con la partecipazione dell'imputato, sono state ammesse le prove all'udienza del 21.3.2008 ed è stata acquisita la documentazione proposta dalla difesa, tra cui la sentenza adottata il 10.12.1998 dal Consiglio Nazionale Forense di annullamento della decisione del 31.10.1997 precedentemente adottata dal Consiglio Ordine Avvocati Roma di cancellazione dell'imputato CALBI dal Registro Praticanti Avvocati per compiuta pratica. Nel prosieguo è stato escusso come teste l'operante LUPI Stefano, addetto alla sezione di PG della Guardia di Finanza presso la Procura della Repubblica di Roma. Mutato il Giudice e ricevuto dalle parti il consenso al rinnovo mediante lettura degli atti già compiuti, l'imputato ha dichiarato di rinunciare alla prescrizione. Nel prosieguo, ulteriormente rinnovati gli atti, il processo è stato istruito con l'escussione dei testi CASSIANI Alessandro, Consigliere dell'Ordine degli avvocati di Roma, e LANZIDEI Fausto, Funzionario della Segreteria del Consiglio dell'Ordine Avvocati di Roma. Quindi, acquisita la produzione documentale del PM – ed in particolare istanza di interrogatorio dell'assistito PIZZIGONI Filippo a firma dell'"*avv.*" CALBI Francesco, depositata nel procedimento n. 21483/01 RGNR ed atti del relativo procedimento - all'udienza del 13 novembre 2012 il processo è stato definito sulla base delle conclusioni rassegnate e come da separato dispositivo.

Alla luce della documentazione in atti, nonché delle precise ed attendibili dichiarazioni rese dai testimoni esaminati, i fatti che costituiscono oggetto del presente procedimento possono essere ricostruiti nei seguenti termini.
La vicenda processuale trae origine dalla chiusura delle indagini preliminari svolte all'interno del procedimento n. 21483/2001 RGNR - assegnato al Sost. Proc. Dott. Francesco Caporale – nei confronti di PIZZIGONI Filippo Pierre. Come riferito dal teste LUPI e come documentalmente accertato, emesso l'avviso di conclusione delle indagini preliminari di cui all'art. 415 bis c.p.p., l'atto veniva notificato in data 7.5.2001 all'avv. Francesco Calbi, difensore designato dall'indagato PIZZIGONI con atto di nomina del 14.4.2001. In data 16.7.2001, presso la Segreteria del PM veniva depositata l'istanza a firma dell'"avv. Francesco CALBI" di sottoporre l'indagato assistito ad interrogatorio. Il giorno 26.7.2001, fissato per il compimento dell'atto delegato alla Sezione di PG della Guardia di Finanza, si dava luogo al sequestro del

tesserino riportante il nr. A/24605 rilasciato il 10.1.1992 dal Consiglio Ordine Avvocati Roma a CALBI Francesco. Come precisato dall'operante in dibattimento, già all'atto dell'elezione di domicilio e della nomina a difensore fatta dal PIZZIGONI, era emerso che il CALBI era stato cancellato dal registro praticanti avvocati abilitati per fine pratica il 31.12.1997. Inoltre, esaminato il tesserino di appartenenza esibito prima di dar corso all'interrogatorio, si evidenziava la presenza di una "*sbianchettatura*" in coincidenza con l'intera serie identificativa della tessera. Contattato telefonicamente il Consiglio dell'Ordine degli Avvocati, si aveva conferma della cancellazione del dott. CALBI dal registro dei praticanti.

Al riguardo, dall'attestato prodotto all'udienza del 9.3.2012 e dalla deposizione del teste LANZIDEI, responsabile dell'Ufficio Segreteria del Consiglio dell'Ordine degli Avvocati di Roma, risulta che il CALBI, iscritto nel registro Praticanti Avvocati di Roma in data 28 luglio del 1987 ed abilitato fino alla data del 12 dicembre 1997, il 31.12.1997 veniva cancellato per fine pratica. Il precedente 18 dicembre, infatti, Il COA di Roma adottava la delibera di revoca dell'abilitazione.

In conclusione, non risultava alcuna iscrizione nell'Albo degli Avvocati di Roma relativa a CALBI Francesco.

Mostrato al LANZIDEI il corpo del reato di cui al capo B), questi in sede di esame precisava che la tessera, pur apparentemente rilasciata dal COA di Roma, presentava un'anomalia nell'indicazione della lettera precedente la serie numerica che avrebbe dovuto essere la "P" (praticanti) anziché la "A" (avvocati) come riportato.

In sede di dichiarazioni spontanee l'imputato depositava un memoriale contenente, tra l'altro, la sentenza adottata il 10.12.1998 dal Consiglio Nazionale Forense relativa all'annullamento della cancellazione adottata il 31.10.1997 dal Consiglio Ordine Avvocati Roma per compiuta pratica.

Dalla lettura del provvedimento risulta che la decisione adottata dal COA di Roma il 31.12.1997 veniva annullata perchè adottata in violazione dell'art. 37, co. 2 RDL del 27.11.1933 n. 1578, cioè in quanto non preceduta dall'audizione dell'interessato: pur non essendo necessaria la preventiva convocazione dell'interessato dinanzi al Consiglio il giorno stesso della deliberazione, precisa la sentenza che alla stregua del citato dettato normativo nessuna cancellazione può essere disposta se non dopo avere sentito l'interessato nelle sue giustificazioni, che per il CALBI non risultava in alcun modo essere avvenuto.

Dagli atti allegati al memoriale (istanza del 3.3.1999 al Ministero della Giustizia per sollecitare l'iscrizione all'Albo degli Avvocati; all'Autorità Garante ella Concorrenza e del Mercato in data 9.3.1998; nota della Presidenza del Tribunale di Roma del 21.7.1999) si evincono, inoltre, ulteriori particolari della vicenda attinente il CALBI. Risulta infatti che lo stesso (vedasi la nota a firma del genitore avv. Nicola Calbi del 17.6.1997), riportato un giudizio di inidoneità in otto occasioni, otteneva dal Consiglio di Stato la decisione n. 635/1999 per la nomina di un commissario *ad acta* per la costituzione di un'apposita commissione che, in sostituzione di quella del 1993, emettesse una nuova valutazione degli elaborati.

Sulla base delle risultanze emerse all'esito dell'istruttoria dibattimentale va emessa sentenza di assoluzione nei confronti di CALBI Francesco in quanto carente la prova che abbia commesso il fatto con il referente psicologico richiesto dalla norma penale incriminatrice contestata.

Non pare superfluo al riguardo premettere che il reato di cui all'art. 348 c.p. oggetto di contestazione sub A) della rubrica si caratterizza, dal punto di vista dell'offensività giuridica, nell'interesse generale, riferito alla pubblica amministrazione ed alla collettività, che determinate professioni che richiedono requisiti specifici di competenza tecnica e di correttezza deontologica, vengano svolte soltanto da chi risulti in possesso delle qualità culturali e morali attestate dal conseguimento di una specifica abilitazione professionale. Ne consegue che la norma incriminatrice in contestazione - in quanto contenente il rinvio alle specifiche disposizioni professionali dettate per l'esercizio della professione forense - si caratterizza come norma penale in bianco dal momento che il precetto penale contiene un rinvio recettizio alle condizioni oggettive e soggettive di svolgimento della professione di avvocato in assenza delle quali l'esercizio della professione non è consentito e deve, conseguentemente, ritenersi abusivo.

Corollario di tale ricostruzione della tipicità *per relationem* è che l'errore su tali disposizioni, integrative del precetto penale, costituendo errore parificabile a quello ricadente sulla norma penale, non ha valore di scriminante in base all'art. 47 cod. pen., salvo che – alla stregua della nota sentenza della Corte Costituzionale n. 364 del 1988 - non si tratti di errore inevitabile per impossibilità di conoscenza.

Come noto, nel caso di specie e per il periodo in contestazione, la materia era regolata dagli artt. 31 e 37 del RDL n. 1578 del 1933 nonché, quanto al registro dei praticanti, dall'art. 8 dello stesso che testualmente prevedeva " *I laureati in giurisprudenza, che svolgono la pratica prevista dall'articolo 17, sono iscritti, a domanda e previa certificazione del procuratore di cui frequentano lo studio, in un registro speciale tenuto dal consiglio dell'ordine degli avvocati [e dei procuratori] presso il tribunale nel cui circondario] (1) hanno la residenza, e sono sottoposti al potere disciplinare del consiglio stesso. I praticanti procuratori, dopo un anno dalla iscrizione nel registro di cui al primo comma, sono ammessi, per un periodo non superiore a sei anni, ad esercitare il patrocinio davanti ai tribunali del distretto nel quale è compreso l'ordine circondariale che ha la tenuta del registro suddetto, limitatamente ai procedimenti che, in base alle norme vigenti anteriormente alla data di efficacia del decreto legislativo di attuazione della legge 16 luglio 1997, n. 254, rientravano nella competenza del pretore. Davanti ai medesimi tribunali e negli stessi limiti, in sede penale, essi possono essere nominati difensori d'ufficio, esercitare le funzioni di pubblico ministero e proporre dichiarazione di impugnazione sia come difensori sia come rappresentanti del pubblico ministero*", fino all'attuazione della complessiva riforma della professione forense (art. 246, comma 2, D.LGS. 51/1998).

Dagli atti versati al fascicolo dibattimentale risulta che la difesa assunta dal CALBI nell'interesse del PIZZIGONI era relativa senz'altro ad ipotesi delittuosa rientrante nella competenza del Tribunale: si trattava, infatti, di difesa esercitata nell'ambito di un procedimento penale per l'accertamento del reato di detenzione abusiva di una carabina marca Flobert.

Va tuttavia rimarcato, sotto altro profilo, che il CALBI, destinatario di una decisione di annullamento della precedente cancellazione dall'albo dei praticanti per compiuta pratica, aveva in più occasioni sollecitato il COA ed anche le più svariate autorità a rivedere il Giudizio di inidoneità dei suoi elaborati, in vista di una sua iscrizione all'Albo degli Avvocati, lamentando il protrarsi dell'iscrizione al registro dei praticanti dal 1987. A ciò va aggiunto il comportamento certamente trasparente tenuto dal CALBI nei confronti del PM e della PG delegata per l'interrogatorio dell'assistito: non può non convenirsi, infatti, che l'istanza inoltrata al titolare delle indagini su carta intestata e l'esibizione del tesserino professionale per l'identificazione il giorno convenuto per il compimento dell'interrogatorio delegato, avrebbe fatto rilevare immediatamente l'abusività dell'attività difensiva.

Anche il contenzioso amministrativo – instauratosi a seguito della decisione di annullamento della cancellazione dal registro dei praticanti avvocati – documenta l'incontenibile insofferenza del CALBI per l'inottemperanza di fatto dimostrata dall'ordine professionale ad assegnargli una reale "seconda possibilità" posto che alla rinnovazione del giudizio sui suoi elaborati procedeva come commissario *ad acta* una commissione d'esame costituita dagli stessi membri della precedente e che ne riterava il precedente giudizio negativo.

E' attendibile, in altri termini, la buona fede dell'imputato intesa come convinzione della sussistenza della propria iscrizione nel registro dei praticanti avvocati abilitati in attesa di una rinnovazione delle prove scritte – e non di una semplice correzione - ad opera di una Commissione esaminatrice in diversa composizione.

Orbene le circostanze illustrate non consentono di ritenere superato il ragionevole dubbio circa la consapevolezza della mancanza di titolo abilitativo e ne discende il proscioglimento quantomeno secondo la regola di giudizio dettata dal capoverso dell'art.530 c.p.p., che impone l'assoluzione anche quando la prova di reità manchi, sia insufficiente o contraddittoria come nell'ipotesi di specie.

Viceversa va pronunciata sentenza di condanna per la restante imputazione di falso ascritta al CALBI, in quanto perfettamente integrata la condotta dolosa sanzionata dall'art.477 c.p. stante la disponibilità e l'uso del falso tesserino professionale sequestrato all'atto dell'interrogatorio delegato.

Assolutamente certo che la tessera riportante il nr. A/24605, con data di rilascio 10.1.1992 a favore di CALBI Francesco, non fosse genuina ma formata artificiosamente, come dimostrato dalla circostanza che tessere di tale colore non risultavano emesse dal Consiglio dell'Ordine degli Avvocati di Roma in favore dei praticanti avvocati abilitati. Certo, inoltre, che l'originale della tessera identificativa

non poteva riportare "la sbianchettatura" presente invece in quella sequestrata al CALBI, riportante i suoi dati anagrafici e relativa immagine.
Il documento esibito alla PG delegata per l'interrogatorio dall'imputato aveva l'apparenza di un originale ed era idoneo a trarre in inganno i terzi di buona fede, poiché era compilato con i dati personali reali del prevenuto e vi era apposta la sua foto-tessera. Ne discende, che non può essere stato che l'imputato a falsificarlo personalmente quale autore materiale del reato ovvero a commissionare la falsificazione a terze persone quale concorrente nel delitto.
Certo anche l'elemento soggettivo richiesto ai fini della punibilità, ossia il dolo generico prescindente da un *animus decipiendi* o da un *animus nocendi*. La prova che il prevenuto sapesse della contraffazione è stata inequivocabilmente raggiunta grazie agli elementi indiziari gravi, univoci e concordanti forniti dalle modalità della condotta e dalle circostanze di fatto ad essa concomitanti, elementi che, coordinandosi in maniera logica ed organica, ne dimostrano la mala fede. Infatti egli ne aveva la disponibilità, in quanto documento riportante la sua immagine ed i suoi dati identificativi; quale intestatario del documento lo esibiva in violazione della regolare procedura amministrativa prevista per il rilascio della tessera pertinente alla professione di avvocato.
Tale conclusione non configge, a parere di questo Giudice, con l'opposta pronuncia assolutoria adottata per il delitto contestato al capo A) della rubrica posto che la (ritenuta incolpevole) presunzione di una persistente iscrizione nel registro dei praticanti avvocati avrebbe dovuto comunque richiamare il CALBI sulla illiceità della formazione artificiosa di un tesserino identificativo degli avvocati. Infatti, com'è noto, tale tesserino viene rilasciato solo al superamento positivo delle prove scritte ed orali previste per l'abilitazione all'esercizio della professione di avvocato mentre la decisione adottata dal CNF era relativa all'annullamento della cancellazione dal registro praticanti.
Passando al trattamento sanzionatorio si osserva che al CALBI possono essere riconosciute le attenuanti generiche in considerazione della incensuratezza e del buon comportamento processuale.
Tenuto conto dei criteri oggettivi e soggettivi di cui all'art.133 c.p., si stima congrua e proporzionata all'entità del fatto commesso la pena di mesi quattro di reclusione da ridurre di 1/3 ex art.62 bis c.p.
Alla condanna consegue per legge l'obbligo dell'imputato al pagamento delle spese processuali.
In assenza di condizioni ostative e presumendosi il ravvedimento, viene riconosciuto il beneficio della sospensione condizionale della pena.
Acclarata falsità della tessera legale in sequestro, ne va disposta la materiale cancellazione nei termini indicati nel dispositivo.
Si riservano sessanta giorni per il deposito dei motivi in considerazione del numero di processi andati in decisione.

P.Q.M.

Visto l'art. 530 cpv c.p.p. assolve CALBI FRANCESCO dal reato contestatogli al capo A) della rubrica perché il fatto non costituisce reato.
Visti gli artt.533-535 c.p.p. dichiara il medesimo imputato colpevole del reato ascrittogli al capo B) e concesse le attenuanti generiche lo condanna alla pena di mesi due giorni venti di reclusione oltre al pagamento delle spese processuali.
Visto l'art. 164 c.p. dichiara che la pena inflitta resti sospesa nei termini di legge.
Visto l'art. 537 c.p.p. dichiara la falsità della tessera n. A/24605 in sequestro e ne dispone la confisca.
Visto l'art. 544 cpp indica in giorni sessanta il termine per il deposito della motivazione.
Roma, 13.11.2012

Il Giudice
Chiara Bocola

Depositata in Cancelleria
il 20 NOV. 2012
IL CANCELLIERE
IL FUNZIONARIO GIUDIZIARIO
Dott.ssa BARBARA TARALLO

LETTERE

Successivamente alla pubblicazione di questa sentenza subisco una progressione di atti e provvedimenti che non saprei neanche come definire: l'estremismo dell'inadempimento? la difesa sfrenata della posizione? Non so. A volte leggo un retro pensiero sarcastico quasi a voler dire: ma lascia stare, non puoi farcela. L'Ordine forense persevera fino alla calunnia e al falso, come se la mia iscrizione dovesse far crollare l'intero sistema, ritiene persino che io possa essere processato nuovamente. Ma c'è un fatto certo, indiscutibile: sono in grado di svolgere le prove di quell'esame, tanto che per decenni ho chiesto di confrontare i miei primi scritti del 1989 con quelli valutati con il massimo dei voti, ma mi è sempre stato negato.
Vige il divieto di pubblicare le prove degli esami di stato e dei concorsi pubblici, così come di pubblicare le tesi di laurea. Ma è un anonimato che nasconde l'illecito a fronte della trasparenza che come la caduta di ogni divieto genera soltanto effetti benefici.

Durante i dodici anni di durata del processo di primo grado ho raccolto ulteriori atti. Mi ha risposto il Presidente della Camera dei Deputati dell'epoca, Fausto Bertinotti, il quale il 16.2.2007 ha trasmesso la mia lettera che descriveva questi fatti alla Commissione parlamentare, che poi non ha dato alcun seguito.

IL PRESIDENTE DELLA CAMERA DEI DEPUTATI

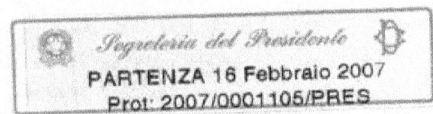

Gentile signor Calbi,

ho ricevuto la Sua lettera dello scorso 21 gennaio ed ho letto attentamente quanto Ella ha inteso rappresentarmi.

Al riguardo, desidero comunicarLe di aver disposto che copia della Sua lettera venga trasmessa alla Commissione parlamentare competente, affinché i deputati che ne fanno parte possano prenderne visione ed assumere le iniziative che ritengano opportune.

Mi è gradita l'occasione per inviarLe i miei più cordiali saluti.

Sig. Francesco Calbi
Via A. Toscani 59
00152 Roma

Negli stessi giorni, il 14.2.2007, mi ha risposto anche il Segretariato Generale della Presidenza della Repubblica, che ha inviato gli atti al Ministro della Giustizia, morta lì.

**SEGRETARIATO GENERALE
DELLA PRESIDENZA DELLA REPUBBLICA**
Ufficio per gli Affari
dell'Amministrazione della Giustizia

Roma

UG. 11.2
n. 1574/07

Gentile avvocato Calbi,

rispondo all'istanza da Lei inviata al Presidente della Repubblica.

Al riguardo, La informo che, in base al dettato costituzionale, il Capo dello Stato non dispone di poteri di intervento in ordine a vicende del tipo di quelle da Lei rappresentate.

Di conseguenza, tenendo conto delle attribuzioni spettanti al Ministro della Giustizia sulla materia, la Sua lettera è stata trasmessa all'Ufficio di Gabinetto di quel Dicastero per le valutazioni di eventuale competenza.

Con i migliori saluti

p. il Direttore dell'Ufficio
(Prof. Marcello Romei)

Avvocato Francesco CALBI
Via A. Toscani, 59
00152 ROMA

Una giornata di lavoro.
Martedì 4 novembre 2008. La notte dormo poco e leggo Moby Dick fino all'alba e a pag.231 trovo scritto: Cosicchè monsoni, pamperi, nord-ovest, harmattàn, alisei, tutti i venti tranne il levante e il simùn, potevano spingere moby dick nell'errante cerchio della scia del pequod a zig-zag intorno alla terra. Un paio di giorni fa ho dormito di piombo ma la cosa mi è risultata strana essendo anni che veglio. Alle 9.30 sono già in ritardo perchè fin dalle nove squilla il telefono e il giovane interlocutore mi chiede vari ritocchi per una richiesta di interrogatorio al pubblico ministero. Mentre mi sciacquo senza docciarmi squilla di nuovo il telefono fisso allo zerosei e l'ancor più giovane egiziano Mamhed mi avvisa che il suo amico Abdel è stato fermato senza documenti e mi ha nominato difensore. Esco dal portone di casa con tanti saluti ai lavoranti in piena attività nella via, ingrano la prima della mia auto verde e attraverso villa pamphili circonvallazione clodia piazzale eroi. Piove e il traffico è totale. Arrivo a via teulada oltre l'orario con la strada presidiata dai vigili che impediscono il parcheggio su ambo i lati. Perdo altro tempo. Più tardi saprò che c'è stata un'irruzione nella sede televisiva, fascista non si può dire perchè il fascismo qui da noi ufficialmente non è mai esistito anzi piuttosto abbiamo subito il comunismo. La tv ha mostrato immagini di scontri provocati da ragazzi armati di spranghe e catene contro inermi studenti manifestanti, ma quelle immagini non dovevano andare in onda. Niente di politico, a quanto si è accertato gli aggressori veri erano i manifestanti e gli aggrediti per fortuna avevano le mazze chiodate per difendersi; hanno invaso la sede televisiva.
Parcheggio in un anfratto in mezzo al fango e arrivo in udienza che è già finita, alle 11. Sul registro del giudice leggo che il mio ricorso è stato accolto e mentre scendo le scale penso di sfuggita che a volte è meglio non presentarsi affatto. Mi ritrovo in via teulada presidiata dai vigili fino a piazzale clodio oltre il mega parcheggio raggiungo l'anfratto con le pozze di fango, pago il tipo che ironizza sull'euro e venti che gli dò per quindici minuti e vado al tribunale penale nel retro di piazzale clodio, edificio A, cancelleria centrale del Gip, in ascensore fino al sesto piano; dopo la

fila l'impiegata al microfono dal vetro mi annuncia che gli atti sono all'archivio della ex pretura, a loro non risulta altro. Devo chiedere la riabilitazione per un tale dello sri lanka con un figlio nato in italia. Quattro mesi dopo saprò che è rimasto vittima di un incidente. Calo così al piano terra anzi meglio chiedere all'ufficio copie, risalgo al secondo piano diretto alla cancelleria centrale ove per interfono accertano che gli atti sono proprio all'ufficio che mi ha già liquidato tre volte e ormai è chiuso. Prima di andar via saluto un altro parcheggiatore che è stato multato due volte e diffidato dal continuare, gli ho offerto due ricorsi e sono nelle mani sue, mi dice, sei nelle mani dei decani, rispondo. Dovrei telefonare alla dottoressa per fissare una nuova visita polmonare ma mentre torno a casa mi sfugge come già ieri. A pranzo mangio due spaghetti una fettina e una frutta. Leggo un paio di mail e ne scrivo tre quattro, mi dedico ai ritocchi di un appello penale sviluppando un ulteriore argomento sulla consulenza contabile circa le somme versate dall'istituto di previdenza in favore di persone morte cui si chiedono in restituzione alcune mensilità in più. Telefona CiEffe al numero fisso zerosei e mi ripete quanto già detto ieri quindici volte, squilla GivuBi al telefono mobile per la chiusura di una società, ma devo interrompere perchè squilla ancora il telefono fisso per accordi domani con una signora straniera da accompagnare in questura per il rinnovo del permesso di soggiorno, mi passa il convivente italiano che mi ricorda la denuncia di furto della sua auto d'epoca e mentre l'ascolto imposto sullo schermo la richiesta da inoltrare al gestore di telefonia per tentare di individuare la presenza del telefono del probabile ladro nel luogo e nell'ora del furto. Intanto squilla ancora il portatile da cui ricevo l'avviso dell'invio di un fax sul telefono fisso, circa la pretesa da parte del ministero della restituzione di una somma per cui nel 2002 il tribunale ha già deliberato. Traccio le linee del nuovo ricorso d'urgenza fino all'ora di cena, una bistecchina di maiale peperoni e melanzane in padella un formaggino una frutta e le elezioni americane in tv. Un avvocato afroamericano alla casa bianca.
5.11.2008, ore 1,19.

L'ATTUALITA'

E arriviamo all'attualità. Un'acrobazia giudiziaria.
Sulla base della sentenza di assoluzione, che si fonda anche sulla decisione del Consiglio Nazionale Forense di annullamento della cancellazione dal Registro degli Abilitati, chiedo l'iscrizione all'Albo, con istanza al Consiglio dell'Ordine degli Avvocati di Roma.

Il Consiglio respinge l'istanza con un provvedimento senza alcuna motivazione e con un atto nullo perchè senza neanche la firma del Presidente.
Il ricorso al Consiglio Nazionale Forense viene respinto anch'esso perché: "La carenza di motivazione non fa discendere la nullità della decisione"; il provvedimento porta le firme del Presidente e del Segretario, essendo presente la sola firma del Segretario nell'estratto del verbale, con valore di certificazione dell'esistenza della delibera stessa".

ORDINE AVVOCATI DI ROMA

Il Consiglio

- Sentita l'audizione del 11 luglio 2013 del Dott. Francesco Calbi;
- visto l'Art. 17 della Legge 247/2012;
- Udita la relazione del Consigliere Avv. Mauro Mazzoni;

delibera

di rigettare l'iscrizione nell'Albo degli Avvocati di Roma del Dott. Francesco Calbi.

Roma, 19 luglio 2013

Il Consigliere Segretario
(Avv. Pietro Di Tosto)

ATTO DI NOTIFICAZIONE

A richiesta del Presidente del Consiglio dell'Ordine degli Avvocati di Roma, io sottoscritto Ufficiale Giudiziario della Corte di Appello di Roma, ho notificato la suestesa delibera a:

1) Dott. Francesco Calbi
   Via A. Toscani, 59
   00152   Roma

2) Signor Procuratore della Repubblica presso il Tribunale di Roma – Via Gregorio VII, 122 (3 piano) – 00165 Roma.

Questo sarebbe dunque l'estratto del verbale con la firma del solo segretario, che tuttavia viene definito Delibera.

Ma l'estremismo acrobatico si esprime nella sentenza delle Sezioni Unite della Cassazione.
L'apice della giurisdizione.

26273/16

REPUBBLICA ITALIANA
IN NOME DEL POPOLO ITALIANO
LA CORTE SUPREMA DI CASSAZIONE
SEZIONI UNITE CIVILI

Oggetto

Revocazione

R.G.N. 4301/2016
Cron. 26273
Rep.
Ud. 15/11/2016

Composta dagli Ill.mi Sigg.ri Magistrati:

Dott. RENATO RORDORF	- Primo Pres.te f.f. -
Dott. ANTONIO DIDONE	- Rel. Pres. Sezione -
Dott. CAMILLA DI IASI	- Presidente Sezione -
Dott. PIETRO CAMPANILE	- Consigliere -
Dott. ULIANA ARMANO	- Consigliere -
Dott. ANTONIO MANNA	- Consigliere -
Dott. LUCIA TRIA	- Consigliere -
Dott. FRANCO DE STEFANO	- Consigliere -
Dott. ANGELINA MARIA PERRINO	- Consigliere -

ha pronunciato la seguente

SENTENZA

sul ricorso 4301-2016 proposto da:
CALBI FRANCESCO, elettivamente domiciliato in ROMA, VIA TOSCANI 58, presso lo studio dell'avvocato LILIANA YUCCARDI MERLI, che lo rappresenta e difende, per delega in calce al ricorso;

- ricorrente -

CONSIGLIO DELL'ORDINE DEGLI AVVOCATI DI ROMA, in persona del Presidente pro tempore, elettivamente domiciliato in ROMA, VIA VESPASIANO 12, presso lo studio dell'avvocato MARCO STRACCIA, che lo rappresenta e difende, per delega in calce al controricorso;

- controricorrente -

contro

CONSIGLIO NAZIONALE FORENSE, PROCURATORE GENERALE PRESSO LA CORTE DI CASSAZIONE;

- intimati -

per revocazione della sentenza n. 24708/2015 della CORTE DI CASSAZIONE, depositata il 04/12/2015;
udita la relazione della causa svolta nella pubblica udienza del 15/11/2016 dal Presidente Dott. ANTONIO DIDONE;
udito l'Avvocato Marco STRACCIA;
udito il P.M. in persona dell'Avvocato Generale Dott. RICCARDO FUZIO, che ha concluso per il rigetto del ricorso.

Ragioni di fatto e di diritto della decisione

1.- Il Consiglio Nazionale Forense, confermando la delibera del COA di Roma, rigettò la richiesta d'iscrizione all'albo degli avvocati presentata dal dott. Francesco Calbi già iscritto nel registro dei praticanti dal 1987, cancellato con decisione del dicembre 1997 del COA di Roma annullata dal Consiglio Nazionale Forense per motivi formali e assolto in sede penale dall'imputazione di esercizio abusivo della professione, ma condannato per falsificazione della tessera di praticante procuratore.

Il predetto Consiglio, disattesi i motivi con i quali era stato denunciato il difetto di motivazione della delibera del COA e d'invalidità della stessa per mancanza dei requisiti formali, pose a base del decisum il rilievo fondante secondo il quale la richiesta d'iscrizione all'albo degli avvocati andava respinta perché il Calbi, come da lui dichiarato, non aveva mai superato l'esame di Stato.

Avverso questa decisione il Calbi propose ricorso dinanzi a queste Sezioni Unite in ragione di sei motivi. Ricorso rigettato con sentenza n. 24708 del 2015 contro la quale il Calbi ha proposto ricorso per revocazione per errore di fatto formulando cinque motivi.

Resiste con controricorso il COA di Roma mentre non ha svolto difese il CNF. Parte ricorrente ha depositato memoria.

2.- Occorre premettere che l'unico motivo di ricorso è articolato in cinque censure ma, in realtà, soltanto la prima denuncia un preteso errore revocatorio posto che la seconda lamenta che il mancato superamento dell'esame non costituisce thema decidendum, la terza denuncia sostanzialmente l'illiceità dell'esame di stato per avvocato, la quarta lamenta che la Corte non si è pronunciata sul quarto e il quinto motivo (ritenuti assorbiti) mentre la quinta censura stigmatizza la mancata ammissione al patrocinio a spese dello Stato.

3.- Con l'unico motivo revocatorio il ricorrente lamenta che la Corte abbia dichiarato inammissibile la terza censura (con la quale aveva dedotto la nullità del provvedimento del COA per mancanza della sottoscrizione del presidente) <<per violazione dell'art. 366 n. 6 c.p.c. .... >> perché <<non risulta specificata in quale sede processuale è rinvenibile il documento sul quale la censura si fonda>>.

Quindi il ricorrente elenca puntigliosamente la localizzazione del documento (provvedimento mancante di sottoscrizione) al n. 3 del fascicolo di parte.

4.- La sentenza impugnata con ricorso per revocazione così sintetizza il terzo motivo del ricorso rigettato: <<Con la terza critica il Calbi, assumendo violazione dell'art. 44 RD 22 gennaio 1934 n. 37, prospetta che, nonostante la denunciata norma preveda che la delibera del COA sia sottoscritta dal Presidente a pena di nullità, il CNF afferma che "il provvedimento di rigetto dell'istanza porta le firme del Presidente e del Segretario, essendo presente la sola firma del segretario nell'estratto verbale con valore di certificazione dell'esistenza della delibera stessa" mentre la presenza della sola firma del Segretario "oltre a certificare l'esistenza , -certifica anche la mancanza della firma del Presidente a pena di nullità">>.

5.- Il ricorso deve essere dichiarato inammissibile perché con la sentenza impugnata queste Sezioni unite non hanno negato che il documento fosse stato prodotto ma, in applicazione del c.d. principio di autosufficienza del ricorso per cassazione, hanno rilevato l'inammissibilità della censura perché <<il requisito previsto dall'art. 366 cpc n. 6, il quale sancisce che il ricorso deve contenere a pena d'inammissibilità la specifica indicazione degli atti processuali, dei documenti e dei contratti o accordi collettivi sui quali il ricorso si fonda, per essere assolto, "postula che sia specificato in quale sede processuale il documento è stato prodotto>>.

Dunque, non la mancata produzione del documento è stata censurata (questione attinente alla procedibilità) bensì (e ciò attiene al contenuto del ricorso) la mancata "indicazione" della <<sede processuale>> nella quale era <<rinvenibile il documento sul quale la censura si fonda>> (pag. 6 della sentenza).

Il ricorrente non ha colto la differenza tra mancata indicazione (che attiene al contenuto del ricorso) e la mancata produzione (che concerne la procedibilità). Sì che il motivo di revocazione è inammissibile.

Da ultimo, va rilevato che la sentenza impugnata si è pronunciata su tutti i motivi di ricorso, peraltro, ritenendo assorbente il mancato superamento dell'esame.

L'ammissione al patrocinio a spese dello Stato, infine, non compete alla Corte di cassazione.

Le spese del giudizio di legittimità – liquidate in dispositivo – seguono la soccombenza.

P.Q.M.

La Corte dichiara inammissibile il ricorso e condanna il ricorrente al pagamento delle spese del giudizio di legittimità liquidate nella misura di euro 4.200,00, di cui euro 200,00 per esborsi, oltre accessori.
Ai sensi del D.P.R. n. 115 del 2002, art. 13, comma 1-quater, dà atto della sussistenza dei presupposti per il versamento, da parte del ricorrente, dell'ulteriore importo a titolo di contributo unificato, pari a quello dovuto per il ricorso principale, a norma del cit. art. 13, comma 1 bis.
Così deciso in Roma nella camera di consiglio del 15 novembre 2016

Il Presidente

L'estensore

IL CANCELLIERE
Paola Francesca CAMPOLI

DEPOSITATO IN CANCELLERIA
oggi 20 DIC. 2016
IL CANCELLIERE
Paola Francesca CAMPOLI

E questo è decisamente un gioco sporco. Il provvedimento emesso dall'Ordine forense è illegittimo perché manca la firma del Presidente, oltre che del tutto carente di motivazione. Le Sezioni Unite della Suprema Corte, il più alto grado di giurisdizione, hanno respinto il ricorso anche in sede di revocazione motivando che "il ricorso deve contenere a pena di inammissibilità la specifica indicazione degli atti processuali, dei documenti, dei contratti o accordi collettivi sui quali il ricorso si fonda".

Il fascicolo depositato conteneva pochissimi documenti, indicati sia in fondo al ricorso sia nell'indice stesso. Ma non c'è neanche da stare a replicare. È uno squallore devastante decadente demoralizzante. In sede di revocazione le stesse Sezioni Unite della Suprema Corte hanno motivato: "Dunque non la mancata produzione del documento è stata censurata ... bensì la mancata indicazione della sede processuale nella quale era rinvenibile il documento sul quale la censura si fonda".

Queste sono le conclusioni del ricorso.

Pertanto **si conclude**:

Vogliano le Sezioni Unite della Corte di Cassazione, in accoglimento del presente ricorso: annullare la sentenza del Consiglio Nazionale Forense N.42/15, emessa il 25.9.2014, depositata il 13.3.2015, notificata in data 4.4.15; con o senza rinvio.

Si deposita: 1) decisione CNF n.42/15; 2) copia provvedimento del COA di Roma; 3) copia sentenza n. 19511/2012 del Tribunale penale; 4) copia Decisione CNF n.93/98; 5) copia indagine dell'Antitrust; 6) copia istanza di ammissione al gratuito patrocinio.

Si chiede la sospensione dell'efficacia del provvedimento impugnato.

Valore indeterminabile. Esente da CU per gratuito patrocinio.

Roma, 14.4.2015 (avv. Liliana Zuccardi Merli)

E questo è l'indice del fascicolo.

INDICE

1) ricorso
1.1) procura speciale
1.2) relazione di notifica via pec
1.3) ricevuta di accettazione
1.4) n.3 ricevute di consegna
1.5) attestato di conformità

2) Sentenza impugnata CNF n.42/15
3) copia provvedimento COA Roma
4) copia sentenza di assoluzione del Tribunale di Roma n.19511/12
5) copia Decisione CNF n.93/1998
6) copia Indagine Antitrust
7) Indice PA
8) copia istanza gratuito patrocinio con ricevuta PT

Il documento era nella sede in cui doveva essere, non poteva essere in nessun altro luogo, era sotto gli occhi del giudice.
INDICE non significa indicazione?
Ma è scadente e demoralizzante.
La Suprema Corte quasi con disprezzo è arrivata ad affermare: "Il ricorrente non ha colto la differenza tra mancata indicazione ... e la mancata produzione".
E questo significa che il documento era stato prodotto ed è anche nullo. Ma la nullità non è stata rilevata perché così gli è piaciuto.

Comunque ho insistito.
Visto l'esito del precedente procedimento, ho chiesto in via d'urgenza l'adempimento almeno della Decisione del CNF di annullamento della cancellazione, con reiscrizione al Registro degli Abilitati.

TRIBUNALE CIVILE DI ROMA
RICORSO EX ART.700 CPC

PER Francesco Calbi, nato a Roma il 19.8.1960, CLBFNC60M19H501O, (francescocalbi@pec.it) e rappresentato e difeso dall'avv. Liliana Zuccardi Merli, ZCCLLN31B55D969F (lilianazuccardimerli@ordineavvocatiroma.org, fax.06.58230542) elettivamente domiciliato in Roma, Via A.Toscani,59, come da delega a margine;

CONTRO: Consiglio dell'Ordine degli Avvocati di Roma, in persona del Legale rappresentante p.t., in Roma, Piazza Cavour-Palazzo Giustizia;

Ministero della Giustizia, in persona del Ministro in carica, nel domicilio eletto presso l'Avvocatura Generale dello Stato, in Roma, Via dei Portoghesi, 12.

Oggetto: Adempimento Decisione del Consiglio Nazionale Forense e Sentenza Tribunale di Roma.

FATTO

1) Con Decisione n.93 del 1998 il Consiglio Nazionale Forense ha annullato la delibera del COA di Roma di cancellazione dal registro dei praticanti.

La detta Decisione del CNF non è mai stata adempiuta dal COA.

2) Con sentenza n.19511/2012, NNR.39395/2001, emessa dal Tribunale di Roma, Sezione penale, il ricorrente è stato assolto nel processo per esercizio abusivo della professione, a seguito di rinuncia alla prescrizione.

Il Tribunale di Roma ha motivato l'assoluzione ritenendo "il CALBI, destinatario di una decisione di annullamento della procedura di cancellazione dall'albo dei praticanti", decisione emessa dallo stesso CNF; inoltre la sentenza penale motiva: "a ciò va aggiunto il comportamento certamente trasparente tenuto dal Calbi"; e ancora: "Anche il contenzioso amministrativo – instauratosi a seguito della decisione di annullamento della cancellazione dal registro dei praticanti avvocati – documenta l'incontenibile insofferenza del Calbi per l'inottemperanza di fatto dimostrata dall'ordine professionale". Infine, conclude la sentenza di assoluzione: "È attendibile la buona fede dell'imputato intesa come convinzione della sussistenza della propria iscrizione nel registro dei praticanti avvocati abilitati".

DIRITTO

La Decisione del CNF, irrevocabile, è stata richiamata dal Tribunale di Roma nella sentenza di assoluzione nel processo per esercizio abusivo della professione.

Poiché la detta assoluzione è irrevocabile il ricorrente non può essere nuovamente processato per il medesimo reato.

L'articolo 649 cpp recita: "L'imputato prosciolto ... con sentenza o decreto penale divenuti irrevocabili non può essere di nuovo sottoposto a procedimento penale per il medesimo fatto, neppure se questo viene diversamente considerato per il titolo, per il grado o per le circostanze".

Dal punto di vista del Diritto, l'annullamento della cancellazione dal Registro dei praticanti deciso dal CNF con la detta decisione n.93/98, comporta la iscrizione in quel Registro.

L'assoluzione dal reato di esercizio abusivo della professione, comporta l'esercizio legittimo della professione, dal 1987 al 2012 e fino ad oggi e oltre, non potendo essere nuovamente processato per lo stesso reato.

Tuttavia, mancando l'iscrizione all'albo, si chiede che venga disposta dal Tribunale adito, per avere accesso agli strumenti di lavoro, soprattutto telematici.

Il fumus boni iuris è fondato su due decisioni irrevocabili che devono essere adempiute. Il periculum in mora è determinato dalla necessità di accedere agli strumenti telematici derivanti dalla iscrizione al Registro e all'albo ed evitare di risultare sconosciuto agli Uffici.

Pertanto, in attesa che giunga a compimento il procedimento di merito che sarà intrapreso e sia definitivamente riconosciuto il diritto del ricorrente derivante da inadempimento del COA di Roma;

si chiede

che il Tribunale adito, ai sensi degli artt. 700 e 669 bis e seguenti c.p.c. Voglia:

1) con decreto inaudita altera parte, vista l'efficacia della Decisione n.93/98 emessa dal Consiglio Nazionale Forense e della sentenza del Tribunale penale di Roma,

n.19511/2012, ordinare la iscrizione del ricorrente nel Registro dei praticanti abilitati;
con contestuale fissazione di un termine entro il quale proporre domanda giudiziale per il riconoscimento definitivo del diritto;
2) In subordine, fissare l'udienza per la comparizione delle parti con termine per la notifica e provvedere alla istruzione del giudizio per provvedere quindi ad ordinare quanto indicato al punto 1.
Con tutte le conseguenze di legge.
Si produce in copia:
Decisione n.93/98 del CNF; sentenza del Tribunale penale di Roma, n.19511/2012.

Valore indeterminato. Giudizio esente per patrocinio a spese dello Stato.
Roma, 13.11.2015
    (avv. Liliana Zuccardi Merli)

E qui c'è l'ennesima acrobazia.

Interviene in giudizio l'Avvocatura Generale dello Stato per conto del Ministero della Giustizia e nella propria Memoria afferma:
"il ricorso risulta inammissibile perché **mira ad ottenere un ordine di esecuzione che è già insito nelle pronuncia del C.N.F. posta a fondamento della domanda**". (...)
E continua ribadendo: "non essendovi alcun concreto interesse ad **ottenere una pronuncia che ordini al C.O.A. un adempimento già insito** – nella prospettazione attorea – **nella pronuncia del C.N.F.**.

inammissibile perché mira ad ottenere un ordine di esecuzione che è già insito nella pronuncia del C.N.F. posta a fondamento della domanda.

Né del resto vi sarebbe un vuoto di tutela atteso che la natura di ente pubblico non economico del Consiglio dell'Ordine e del C.N.F. conduce a ritenere operante il principale meccanismo di esecuzione di un obbligo di *facere* derivante da titolo giurisdizionale. Il riferimento è al ricorso per ottemperanza previsto dalle disposizioni di cui all'art. 112 ss. del codice del processo amministrativo che, come noto, opera anche per decisioni emesse da giudici diversi da quello amministrativo.

Conseguentemente il ricorso è palesemente inammissibile anche addove osservato sotto la lente della previsione di cui all'art. 100 c.p.c. non essendovi alcun concreto interesse ad ottenere una pronuncia che ordini al C.O.A. un adempimento già insito - nella prospettazione attorea - nella pronuncia del C.N.F.

COA = Consiglio dell'Ordine degli Avvocati.
CNF = Consiglio Nazionale Forense.

È un riconoscimento pieno del diritto, non c'è neanche da proporre il ricorso, c'è soltanto da adempiere, secondo l'Avvocatura dello Stato.
Ma il Consiglio non intende adempiere in nessun caso. Infatti si difende strenuamente fino ad affermare che **è impossibile adempiere**:

caso che ci riguarda, tale evenienza come meglio indicato infra, è IMPOSSIBILE E ADDIRITTURA IN IPOTESI SAREBBE CONTRO LEGGE, per aver già usufruito il

Quindi quanto afferma l'Avvocatura Generale dello Stato, secondo l'Ordine forense E' IMPOSSIBILE da rispettare.

AVVOCATURA GENERALE DELLO STATO
Via dei Portoghesi, 12 - Roma - C.F. 80224030587 - fax: 06.96514000;
PEC: ags.rm@mailcert.avvocaturastato.it

Ct. 44547/2015 Avv. Cordì

TRIBUNALE DI ROMA
SEZIONE XI CIVILE

R.G. 73236/2015 - G.U. CONS. CONDELLO - UDIENZA DEL 2.12.2015

MEMORIA DIFENSIVA

Nell'interesse del **Ministero della Giustizia**, in persona del Ministro pro tempore, (codice fiscale: 97591110586), con sede in via Arenula 70 - 00186 Roma, rappresentato e difesa dall'Avvocatura Generale dello Stato (C.F. 80224030587; fax: 06.96514000; PEC ags.rm@mailcert.avvocaturastato.it), presso i cui Uffici, siti in Roma, via dei Portoghesi, n. 12, è domiciliato

contro

Francesco CALBI, rappresentato e difeso dall'Avvocato Liliana Ziccardi Merli

nel procedimento ex art. 700 c.p.c. introdotto da

Consiglio dell'Ordine degli Avvocati di Roma, in persona del legale rappresentante pro tempore

****

Letto ed integralmente contestato il ricorso ex art. 700 c.p.c. notificato dal dott. Calbi, con la presente memoria si costituisce in giudizio il Ministero della Giustizia osservando ed eccependo quanto segue.

Il dott. Calbi adisce il Tribunale di Roma per sentire ordinare al Consiglio dell'Ordine degli Avvocati di Roma l'iscrizione dello stesso nel registro dei praticanti abilitati in esecuzione della decisione del CNF n. 93/98.

In primo luogo occorre eccepire il difetto di legittimazione a resistere del Ministero della Giustizia nei cui confronti il ricorrente non formula, del resto, alcuna domanda. Inoltre, occorre considerare come la previsione contenuta nell'art. 24 della l. 247/2012 confermi l'autonomia giuridica ed amministrativa dei consigli dell'ordine rispetto al Ministero della Giustizia. Secondo la disposizione contenuta nell'alveo dell'art. 24, comma 3, dell'ordito normativo sopra indicato: "Il CNF e gli ordini circondariali sono enti pubblici non economici a carattere associativo istituiti per garantire il rispetto dei principi previsti dalla presente legge e delle regole deontologiche, nonche' con finalita' di tutela della utenza e degli interessi pubblici connessi all'esercizio della professione e al corretto svolgimento della funzione giurisdizionale. Essi sono dotati di autonomia patrimoniale e finanziaria, sono finanziati esclusivamente con i contributi degli iscritti, determinano la propria organizzazione con appositi regolamenti, nel rispetto delle disposizioni di legge, e sono soggetti esclusivamente alla vigilanza del Ministro della giustizia".

Si tratta pertanto di un soggetto giuridico autonomo, dotato di autonomia e personalità giuridica e sottoposto ad una mera vigilanza del Ministero della Giustizia di cui non ne costituisce articolazione.

Ne consegue il difetto di legittimazione del Ministero della Giustizia nella presente vertenza.

****

Nella denegata e non creduta ipotesi di mancata declaratoria di difetto di legittimazione del Ministero si eccepisce l'inammissibilità del ricorso sotto vari profili.

In primo luogo, occorre notare come vi sia già una decisione giurisdizionale in ordine alla sussistenza dei presupposti per l'iscrizione all'albo dei praticanti abilitati, costituita dalla decisione del Consiglio nazionale forense. Infatti, la pronuncia del C.N.F. ha natura giurisdizionale in quanto, giusta la testuale previsione di cui al R.D.L. 27 novembre 1933, n. 1578, artt. 24, 31, 35, 37, 50 e s. (conv. con mod. in L. 22 gennaio 1934, n. 36), recante l'ordinamento della professione di avvocato, sono devolute alla giurisdizione del Consiglio Nazionale Forense (e in appello alle Sezioni Unite della Corte di Cassazione ex art. 56 stesso RDL) tutte le controversie relative all'iscrizione, al rifiuto di iscrizione, alla cancellazione dagli albi professionali degli avvocati, all'esercizio potere disciplinare nei confronti degli stessi (cfr: Cass. civ. Sez. Unite, Ord., 11-12-2007, n. 25831; T.A.R. Liguria Genova Sez. II, 28-02-2008, n. 356).

Parte ricorrente adisce il Tribunale di Roma chiedendo, in sostanza, un provvedimento "esecutivo" di una decisione giurisdizionale: invero, simile domanda appare inammissibile ove si considera che il ricorso ex art. 700 c.p.c. non determina l'emissione di un atto di natura esecutiva. Sotto questo profilo il ricorso risulta palesemente inammissibile perché mira ad ottenere un ordine di esecuzione che è già insito nella pronuncia del C.N.F. posta a fondamento della domanda.

Né del resto vi sarebbe un vuoto di tutela atteso che la natura di ente pubblico non economico del Consiglio dell'Ordine e del C.N.F. conduce a ritenere operante il principale meccanismo di esecuzione di un obbligo di *facere* derivante da titolo giurisdizionale. Il riferimento è al ricorso per ottemperanza previsto dalle disposizioni di cui all'art. 112 ss. del codice del processo amministrativo che, come noto, opera anche per decisioni emesse da giudici diversi da quello amministrativo.

Conseguentemente il ricorso è palesemente inammissibile anche laddove osservato sotto la lente della previsione di cui all'art. 100 c.p.c. non essendovi alcun concreto interesse ad ottenere una pronuncia che ordini al C.O.A. un adempimento già insito - nella prospettazione attorea - nella pronuncia del C.N.F.

Inoltre, l'avversa iniziativa contrasta con la pacifica affermazione giurisprudenziale che ritiene inammissibile il ricorso alla tutela cautelare in caso di richiesta di esecuzione di un facere infungibile dell'amministrazione (cfr. ex multis, Tribunale Cagliari 24/01/2008).

****

Alla luce di quanto sin qui osservato, l'amministrazione della Giustizia, come sopra rappresentata e difesa, rassegna le seguenti

Conclusioni:

Voglia il Tribunale di Roma,

- Dichiarare il difetto di legittimazione a resistere del Ministero della Giustizia;
- In subordine, dichiarare l'inammissibilità dell'avverso ricorso per le ragioni spiegate in narrativa.
- Con il favore delle spese e dei compensi legali.

Si produce:

A) Ricorso ex art. 700 c.p.c. notificato

Roma,
27 novembre 2015

Lorenzo Cordì
Procuratore dello Stato

Il Tribunale di Roma, Sezione XI, rigetta l'eccezione di difetto di giurisdizione ritenendo la propria competenza, ma rigetta il ricorso sulla base della futura emissione di un nuovo provvedimento di cancellazione.

osservato che, anche laddove si volesse ritenere il diritto del ricorrente ad ottenere, per effetto della decisione del Consiglio Nazionale Forense sopra richiamata, il riconoscimento della persistenza della propria iscrizione nell'albo dei praticanti abilitati al patrocinio, egli dovrebbe comunque essere immediatamente cancellato dal medesimo albo per avere maturato, già prima del provvedimento di cancellazione poi annullato per ragioni esclusivamente formali dal C.N.F., il termine massimo di sei anni previsto ai sensi dell'art. 8 del r.d.l. 1578/1933, cosicchè non vi può essere spazio per l'esercizio del patrocinio da parte del ricorrente;

Quindi il Tribunale riconosce il mio diritto alla iscrizione ma presume che sarà emesso un nuovo provvedimento di cancellazione, anzi lo dà per emesso, già definitivo e perciò decide in conseguenza. Una ennesima pronuncia del tutto arbitraria.

Propongo reclamo al Collegio, sulla base del fatto che il Tribunale deve limitarsi a riconoscere il diritto alla iscrizione e che il nuovo provvedimento di cancellazione dovrà eventualmente essere emesso dal Consiglio dell'Ordine, dovrà essere comunque convocato l'interessato che potrà esporre le proprie argomentazioni difensive che potranno anche essere accolte e quindi il nuovo provvedimento di cancellazione può anche non avere luogo. E l'eventuale nuovo provvedimento potrà anche essere impugnato.
Il Consiglio dell'Ordine si difende come se dovesse crollare l'intero sistema e chiede la mia condanna per lite temeraria.
Il Collegio, dovendo accogliere il reclamo, contrariamente a quanto ritenuto in prima istanza, dichiara il proprio difetto di giurisdizione in favore del Tribunale Amministrativo.

IL TRIBUNALE ORDINARIO DI ROMA-UNDICESIMA SEZIONE CIVILE
composto dai magistrati:
dott. Giovanni De Petra, Presidente
dott. Massimo Corrias, Giudice relatore
dott.ssa Clara Cormio, Giudice
letti gli atti del procedimento n°83608/RG.2015 relativi al reclamo presentato da Calbi Francesco il 23.12.2015 ai sensi dell'art.669 terdecies c.p.c., ha pronunciato la seguente

ORDINANZA

Con ricorso ex art.700 c.p.c. presentato il 13.11.2015 ante causam, Calbi Francesco chiese a questo Tribunale di ordinare al Consiglio dell'Ordine degli Avvocati di Roma la sua iscrizione all'albo dei praticanti abilitati alla professione forense.

A sostegno di detto suo ricorso il Calbi espose: che era iscritto all'albo dei praticanti presso il Consiglio dell'Ordine degli Avvocati di Roma; che il 31.12.1997 detto Consiglio dell'Ordine lo aveva cancellato dall'albo; che il Consiglio Nazionale Forense, su suo ricorso, con sentenza 93/1998, aveva dichiarato la nullità di detta cancellazione in quanto effettuata senza la sua preventiva audizione; che successivamente il Tribunale Ordinario di Roma, con sentenza del 29.11.2012 lo aveva assolto dall'imputazione di esercizio abusivo della professione; che tuttavia, pur essendo venuta meno ogni ragione ostativa, il Consiglio dell'Ordine degli Avvocati di Roma non aveva dato esecuzione alla sentenza del Consiglio Nazionale Forense che aveva dichiarato la nullità della sua cancellazione dall'albo dei praticanti; che la mancata iscrizione a detto albo impediva il suo accreditamento al sistema informatico dell'amministrazione giudiziaria e quindi l'esercizio da parte sua della professione forense quale praticante avvocato; che pertanto ricorrevano entrambi i presupposti richiesti dalla legge per l'emissione di un provvedimento cautelare d'urgenza (fumus boni iuris e periculum in mora).

Il Consiglio dell'Ordine degli Avvocati di Roma e il Ministero della Giustizia, ricevuta la notifica del suddetto ricorso cautelare, si costituirono in giudizio: il Ministero della

Giustizia eccepì, in via preliminare, la propria carenza di legittimazione passiva; entrambi i resistenti eccepirono poi, sempre in via preliminare, la carenza di giurisdizione del Tribunale Ordinario e, nel merito, l'infondatezza del ricorso per carenza del fumus boni iuris, evidenziando che il Calbi non avrebbe potuto ottenere una nuova iscrizione all'albo dei praticanti abilitati, non avendo superato l'esame di abilitazione alla professione di avvocato nel termine perentorio di sei anni dalla sua pregressa iscrizione ed avendo riportato una condanna penale per aver fatto uso di un falso tesserino di avvocato; il Consiglio dell'Ordine chiese altresì la condanna del Calbi a risarcimento dei danni da lite temeraria.

Questo Tribunale, in composizione monocratica, con ordinanza del 9.12.2015, respinse il ricorso del Calbi in considerazione dell'impossibilità di una nuova iscrizione dello stesso all'albo dei praticanti per intervenuta decorrenza del termine di legge previsto per il superamento dell'esame di avvocato; respinse altresì la domanda di condanna del ricorrente al risarcimento dei danni per lite temeraria, per mancata prova di un concreto pregiudizio.

Avverso detta ordinanza Calbi Francesco ha proposto reclamo ai sensi dell'art.669 terdecies c.p.c.; a giudizio del reclamante, infatti, detta ordinanza sarebbe errata laddove, anziché limitarsi a dare esecuzione alla sentenza del Consiglio Nazionale Forense non ottemperata dal Consiglio dell'Ordine degli Avvocati di Roma, ordinando a quest'ultimo la sua iscrizione all'albo dei praticanti abilitati, aveva inammissibilmente riesaminato il merito della vicenda, nonostante questo fosse stata già deciso in modo irrevocabile dalla citata sentenza del Consiglio Nazionale Forense.

Il Consiglio dell'Ordine degli Avvocati di Roma si è costituito anche nella presente fase di reclamo ribadendo le richieste e le eccezioni formulate nella fase precedente; il Ministero della Giustizia non si è costituito.

Tanto premesso, rileva il Collegio:

- che il Calbi ha azionato una domanda cautelare ex art.700 c.p.c. per ottenere che il Consiglio dell'Ordine degli Avvocati di Roma dia esecuzione alla sentenza emessa dal Consiglio

Nazionale Forense che, a suo dire, avendo dichiarato la nullità della sua cancellazione dall'albo dei praticanti abilitati, avrebbe obbligato il citato consiglio territoriale ad iscriverlo nuovamente in detto albo;
- che pertanto il Calbi (peraltro senza aver mai chiesto al Consiglio dell'Ordine degli Avvocati di Roma di esse nuovamente iscritto all'albo dei praticanti), ha azionato un vero e proprio giudizio di ottemperanza, avendo chiesto a questo Tribunale di ordinare ad una pubblica amministrazione (quali sono da ritenersi i consigli degli ordini professionali, enti pubblici non economici a base associativa) di dare esecuzione ad una sentenza ponendo in essere un atto amministrativo (tale infatti è da ritenersi l'atto di iscrizione di un professionista nel relativo albo professionale);
- che tuttavia i giudizi di ottemperanza, in quanto giudizi finalizzati ad ottenere dalle pubbliche amministrazioni l'esecuzione di sentenze che, come nel caso in esame, comportino l'adozione da parte delle stesse pubbliche amministrazioni di comportamenti attivi, appartengono alla giurisdizione esclusiva dei Giudici Amministrativi (art.37 della legge n°1034/1971);
- che anche non volendo considerare il ricorso in questione come introduttivo di un giudizio di ottemperanza, questo Tribunale sarebbe comunque carente di giurisdizione, posto che tutte le controversie concernenti gli albi professionali (iscrizioni, rifiuti d'iscrizioni e cancellazioni) sono devolute alla giurisdizione del Consiglio Nazionale Forense quale giudice speciale (Cass.SU.civili, ord.n°25331/2007);
- che questo Collegio debba quindi dichiarare la propria carenza di giurisdizione, competendo questa al Tribunale Amministrativo Regionale;
- che si debba respingere la domanda di condanna del Calbi al risarcimento dei danni da lite temeraria, non essendo stato prospettato al riguardo alcun concreto pregiudizio;
- che infine, non essendo stato esaminato il merito della controversia, pare equo disporre la compensazione delle spese del giudizio,

P.Q.M.

Il Tribunale Ordinario di Roma

così provvede:

- dichiara la propria carenza di giurisdizione, appartenendo questa al Tribunale Amministrativo Regionale;
- respinge la domanda di condanna del Calbi al risarcimento dei danni da lite temeraria;
- dichiara compensate le spese del giudizio.

Roma, 2.5.2016

Il Presidente,
dott. Giovanni De Petra

DEPOSITATO IN CANCELLERIA
ROMA 05 MAG. 2016
FUNZIONARIO GIUDIZIARIO
Dott.ssa ELENA CAVA[...]

Provvedo dunque a riproporre il ricorso avanti al TAR per l'ottemperanza della decisione del Consiglio Nazionale Forense. Il Consiglio dell'Ordine eccepisce la prescrizione e il TAR dichiara estinto il diritto per intervenuta prescrizione.

E così per l'ennesima volta il diritto esiste ma viene negato. La prescrizione non è stata eccepita in prima istanza, non è stata eccepita in sede di reclamo, tanto che non v'è cenno nei relativi provvedimenti, viene eccepita in sede di riassunzione avanti il TAR: e il TAR la dichiara.

Ora è pendente il ricorso al Consigli di Stato sulla base del fatto che, come detto, la prescrizione non è stata eccepita nelle fasi precedenti del giudizio, quindi è stata interrotta, ma è stata interrotta anche dalla pendenza del processo per esercizio abusivo della professione protrattosi per dodici anni. Nel detto processo il Consiglio dell'Ordine era parte offesa e il Presidente dell'Ordine è stato citato più volte ed è stato anche sentito in udienza.

Ma poiché lo stato di diritto non esiste, non c'è niente che vale, contestare impugnare dedurre dimostrare provare eccepire depositare. Il potere sghignazza di fronte all'evidenza, ti sbeffeggia e ti disprezza facendoti sentire idiota per il fatto che ancora ci si rivolge ai tribunali chiedendo il riconoscimento dei diritti.

Pubblicato il 19/01/2017

N. 00927/2017 REG.PROV.COLL.
N. 09178/2016 REG.RIC.

REPUBBLICA ITALIANA

IN NOME DEL POPOLO ITALIANO

Il Tribunale Amministrativo Regionale per il Lazio

(Sezione Terza)

ha pronunciato la presente

SENTENZA

sul ricorso numero di registro generale 9178 del 2016, proposto da: Francesco Calbi, rappresentato e difeso dall'avvocato Liliana Zuccardi Merli C.F. ZCCLLN31B55D969F, con domicilio eletto presso il suo studio in Roma, via A. Toscani, 59;

contro

Consiglio dell'Ordine degli Avvocati di Roma, rappresentato e difeso dall'avvocato Marco Straccia C.F. STRMRC59E25H501X, con domicilio eletto presso il suo studio in Roma, via Cola di Rienzo, 190;
Ministero della Giustizia, rappresentato e difeso per legge dall'Avvocatura Generale dello Stato, con domicilio eletto presso la stessa in Roma, via dei Portoghesi, 12;

per l'ottemperanza

alla decisione n.97 del 1998 del Consiglio Nazionale Forense, con la quale veniva dichiarato nullo il provvedimento di cancellazione del Sig. Francesco Calbi dal registro dei praticanti avvocati, assunto dal Consiglio dell'Ordine degli Avvocati di Roma in data 31 dicembre 1997.

Visti il ricorso e i relativi allegati;

Visti gli atti di costituzione in giudizio del Consiglio dell'Ordine degli Avvocati di Roma e del Ministero della Giustizia;

Viste le memorie difensive;

Visti tutti gli atti della causa;

Relatore nella camera di consiglio del giorno 2 novembre 2016 il dott. Silvio Lomazzi e uditi per le parti l'Avv. M. Straccia;

Ritenuto e considerato in fatto e diritto quanto segue:

FATTO e DIRITTO

Con decisione n.97 del 1998 il Consiglio Nazionale Forense dichiarava nullo il provvedimento di cancellazione del Sig. Francesco Calbi dal registro dei praticanti avvocati, assunto dal Consiglio dell'Ordine degli Avvocati di Roma in data 31 dicembre 1997.

L'interessato - dopo che il Tribunale ordinario di Roma, Sez. XI civile, in sede di reclamo ex art.669 terdecies c.p.c. avverso l'ordinanza del 9 dicembre 2015 di rigetto del ricorso di cui all'art.700 c.p.c., dichiarava con altra ordinanza del 5 maggio 2016 il proprio difetto di giurisdizione - presentava nell'agosto 2016 ricorso per l'ottemperanza alla suindicata decisione, in base all'art.112 c.p.a., chiedendo l'iscrizione nel registro dei praticanti avvocati abilitati e la nomina di un commissario ad acta in caso di ulteriore inadempimento.

Il Consiglio dell'Ordine degli Avvocati di Roma si costituiva in giudizio per la reiezione del gravame, deducendo in rito l'inammissibilità del medesimo per via della notifica effettuata tramite p.e.c. non consentita nonché per decorso del termine decennale di prescrizione, ex art.114, comma 1 c.p.a., e nel merito l'infondatezza dello stesso.

Con note difensive il ricorrente replicava alle eccezioni di rito e ribadiva i propri assunti nel merito.

Il Ministero della Giustizia si costituiva in giudizio per il rigetto del ricorso, deducendo in rito il proprio difetto di legittimazione passiva e producendo documentazione sulla vicenda contenziosa.

Nella camera di consiglio del 2 novembre 2016 la causa veniva discussa e quindi trattenuta in decisione.

Tenuto conto che la decisione del Consiglio Nazionale Forense, di cui si chiede l'ottemperanza, è stata emessa nel 1998 e che il presente gravame è stato presentato nell'agosto 2016, anche volendo considerare l'iniziativa processuale ex art.700 c.p.c., del novembre 2015 (cfr. all.A atti Ministero), il ricorso in esame va dichiarato irricevibile, per l'avvenuto decorso del termine decennale di prescrizione, previsto per l'actio iudicati, nell'art.114, comma 1 c.p.a. (cfr., tra le altre, Cons. Stato, VI, n.6432 del 2014).

Le spese di giudizio, liquidate in dispositivo, seguono la soccombenza.

P.Q.M.

Definitivamente pronunciando, dichiara irricevibile il ricorso n.9178/2016 indicato in epigrafe.

Condanna il ricorrente al pagamento, in parti uguali, in favore del Consiglio dell'Ordine degli Avvocati di Roma e del Ministero della

Giustizia, delle spese di giudizio, che liquida complessivamente in €1.000,00 (Mille/00) oltre a IVA e CPA come per legge.

Ordina che la presente sentenza sia eseguita dall'Autorità amministrativa.

Così deciso in Roma nella camera di consiglio del giorno 2 novembre 2016 con l'intervento dei magistrati:

Gabriella De Michele, Presidente

Silvio Lomazzi, Consigliere, Estensore

Claudio Vallorani, Referendario

      L'ESTENSORE   **IL PRESIDENTE**
      Silvio Lomazzi   **Gabriella De Michele**

IL SEGRETARIO

È stato dichiarato "l'avvenuto decorso del termine decennale di prescrizione".

Ma che vita può fare, mi chiedo, chi si comporta in tal modo. Il lavoro è oppure dovrebbe essere l'espressione di sé, ancor più in attività di rilievo quali sono le funzioni dei giudici o anche degli avvocati. Sono impegni di responsabilità che assorbono non solo la persona ma anche la personalità, se svolti con dignità.

Quello che mi sfugge e non riesco a cogliere è come possa vivere chi con naturalezza nega l'evidenza ed esprime il disprezzo per le singole vicende pur avendo assunto quello specifico compito. Il lavoro non è espressione di sé, ma soltanto un mezzo per acquistare beni di lusso, auto, moto, ville, barche, yacht. È così che li vedo soddisfatti davanti al camino a gustare i liquori più costosi o al timone a tagliare le onde nell'azzurro del mare e liberare la mente da ogni contatto con la fastidiosa realtà, pienamente appagati e appena irritati dal dover pur svolgere quelle incombenze di tutta quella massa di gente che di continuo chiede il riconoscimento dei diritti o reclama violazioni e denuncia soprusi.

L'ordine forense fonda la sua strenua difesa sul fatto che "il Calbi non ha superato l'esame di stato". Ma non dice, perché sa che è un falso abnorme, che il sottoscritto non è in grado di superare l'esame. Il sillogismo è dunque il seguente: tesi, il Calbi non ha superato l'esame; antitesi, il Calbi è in grado di superare l'esame; sintesi, l'esame è illecito. L'esame è illecito perché è vietato leggere anche soltanto le prove scritte dei migliori.

La conclusione di questa vicenda è una: si provveda alla mia iscrizione nell'albo o comunque mi si permetta di lavorare questi ultimi anni senza incubi. In alternativa, se ancora non è arrivato il momento, si provveda al confronto dei miei primi esami scritti del 1989 con quelli di coloro che hanno ottenuto il massimo dei voti.

Una ulteriore soluzione, per me gradita ma altrettanto utopistica, potrebbe essere quella di mantenere l'Ordine forense quale organismo che certifichi la qualità dei propri iscritti, ma sia permesso anche agli altri di svolgere la professione, senza il certificato di qualità e che risulti anche dalla intestazione: non iscritto all'Ordine. Che poi è ciò che ho fatto per trenta anni in quanto pressochè tutti o comunque molti di coloro per cui ho operato sanno di questa storia, anche se non fino a questo punto.

E infatti nel solo rileggere i motivi di ricorso al Consiglio di Stato mi sento un idiota totale, a dover trattare dell'evidenza negata con quella terminologia giuridica che in questi casi accentua la sensazione di idiozia.

Consiglio di Stato. Ricorso.
Avverso la Sentenza del TAR Lazio, Sez.3, n.927/2017, NRR.9178/2016, emessa il 2.11.16, depositata il 19.1.2017, non notificata;

si propone ricorso in appello per i seguenti
MOTIVI
La sentenza n.927/17 emessa dal TAR Lazio deve essere riformata in quanto il decorso del termine di prescrizione è stato interrotto sia dal processo penale durato undici anni, sia dal ricorso ex art.700 cpc. e dal conseguente reclamo al Collegio, in cui non è stata eccepita. La controparte è decaduta dal proporre l'eccezione di prescrizione non avendola eccepita nei detti precedenti giudizi.
1) Violazione dell'art.2934 C.C.. Violazione di legge. La norma di legge, dal titolo "Estinzione dei diritti", così recita: "Ogni diritto si estingue per prescrizione, quando il titolare non lo esercita per il tempo determinato dalla legge".
In primo luogo rileviamo che, nuovamente, con la sentenza impugnata, è stata certificata l'esistenza del diritto del ricorrente all'ottemperanza della decisione n.93/98, emessa dal Consiglio Nazionale Forense, ovvero il diritto all'iscrizione nel registro degli avvocati abilitati, in quanto la prescrizione -eventualmente- estingue l'azione ma non estingue il diritto in sé.
Ma nel caso in esame, il diritto è stato esercitato continuativamente dal ricorrente e tale esercizio è stato certificato dalla sentenza n.19511/2012, emessa dal Tribunale Penale di Roma, a seguito proprio di rinuncia alla prescrizione, con la quale sentenza il ricorrente è stato assolto dal reato di esercizio abusivo della professione. Il processo penale ha avuto la durata di undici anni e la decisione del CNF, di cui ora si chiede l'ottemperanza, è stata posta a fondamento della assoluzione. "È attendibile la buona fede dell'imputato intesa come convinzione della sussistenza della propria iscrizione nel registro dei praticanti avvocati abilitati", ha motivato il giudice penale richiamando proprio la Decisione del CNF che ha annullato la cancellazione del ricorrente dal registro degli avvocati abilitati.
Peraltro, anche l'atto materiale di esercizio di un diritto ha efficacia interruttiva. Nel caso in esame, il ricorrente ha dichiarato nel corso del processo penale e in ripetuti ulteriori atti di esercitare continuativamente la professione, come in effetti esercita tuttora.

Pertanto, la sentenza del TAR Lazio deve essere riformata e in accoglimento della domanda deve essere ordinata l'ottemperanza del giudicato, non sussistendo il decorso del termine decennale di prescrizione.

2) Violazione dell'art.2938 C.C.. Violazione di legge. La norma così recita: "Il giudice non può rilevare d'ufficio la prescrizione non opposta". Infatti, la prescrizione non opera automaticamente ma deve essere eccepita dalla parte che vi abbia interesse, in quanto è rimesso alla volontà dell'interessato l'avvalersi o meno del fatto prescrizionale già compiuto. Come già rilevato con memoria avanti il TAR, la controparte, nel giudizio introduttivo ex art.700 cpc. proposto avanti il Tribunale Civile di Roma, NRG.73236/2015, correttamente e consapevole della interruzione del decorso del termine prodotta dal processo penale, non ha eccepito la prescrizione. Il detto giudizio ex art.700 cpc., perciò, ha costituito ulteriore interruzione del decorso del termine, non essendo stata proposta la relativa eccezione. Cosicchè l'eccezione di prescrizione proposta nel giudizio avanti il TAR era ormai tardiva e non poteva essere dichiarata l'estinzione del diritto. Anche per tale motivo la sentenza impugnata deve essere riformata.

3) Violazione dell'art.2943 C.C.. Violazione di legge.

La norma di legge citata così recita: "La prescrizione è interrotta dalla notificazione dell'atto con il quale si inizia un giudizio, sia questo di cognizione ovvero conservativo o esecutivo.

"È pure interrotta dalla domanda proposta nel corso di un giudizio.

L'interruzione si verifica anche se il giudice adito è incompetente".

Come sopra detto, la notifica del ricorso ex art.700 cpc. e successivamente il reclamo al collegio, iscritto al NRG.83608/2015, sono atti interruttivi della prescrizione, in quanto in quelle fasi non è stata sollevata l'eccezione. La sentenza impugnata deve perciò essere riformata.

4) Violazione dell'art.167, 2°co., codice di procedura civile. Violazione di legge.

L'art. 167, 2°co., cpc., stabilisce che: "Nella comparsa di risposta il convenuto ... A pena di decadenza deve proporre

... le eccezioni processuali e di merito che non siano rilevabili di ufficio".

Le comparse di risposta sia dell'Avvocatura dello Stato, sia del Consiglio dell'Ordine degli Avvocati, depositate nel giudizio ex art.700 cpc., iscritto al NRG.73236/2015, nonché nel successivo procedimento di reclamo al collegio, iscritto al NRG.83608/2015, non contengono alcuna eccezione di prescrizione, prevista a pena di decadenza. Infatti, il G.I e il Collegio del Tribunale Civile di Roma, nelle rispettive ordinanze non si sono pronunciati sulla prescrizione. La proposizione del ricorso ex art.700 cpc. e il successivo reclamo al collegio, non essendo stata proposta l'eccezione di prescrizione, hanno comportato la decadenza dal proporre l'eccezione stessa e contestualmente hanno costituito atti interruttivi del decorso del termine.

Conseguentemente, a meno di non calpestare l'intero ordinamento, la sentenza impugnata deve essere riformata con ordine di ottemperanza del giudicato.

Pertanto SI CONCLUDE

Voglia il Consiglio di Stato, in riforma della sentenza impugnata;

a) ordinare al Consiglio dell'Ordine degli Avvocati di Roma nonchè al Ministero della Giustizia l'ottemperanza della Decisione suddetta n.93 del 1998 emessa dal Consiglio Nazionale Forense, prescrivendo le relative modalità anche mediante la determinazione del contenuto del provvedimento amministrativo o l'emanazione dello stesso in luogo dell'amministrazione, disponendo l'iscrizione del ricorrente nel Registro dei praticanti abilitati, previo compimento di tutti gli atti necessari ad assicurare l'adempimento in favore del ricorrente, derivanti dalla disposizione di cui al D.L. 112/2008 art. 78 e succ. decreti di attuazione;

b) nominare, per il caso di ulteriore inadempimento, un commissario ad acta affinché provveda in via sostitutiva.

Si chiede, contestualmente, in via amministrativa, che il Ministero provveda conformemente, nell'esercizio del suo potere-dovere di vigilanza.

Roma, 23.1.2017

IN TRASFERTA AL FORO DI MATERA

La voglio raccontare perché rimanga altrimenti tutto vola tutto va via e si perde non lascia tracce neanche nel ricordo personale tutto sfuma completamente. Appena tornati dalle vacanze a stigliano provincia di matera è fine agosto del 2016 quando nel polisweb in quell'intreccio di latino e inglese che racchiude la realtà virtuale giudiziaria trovo la fissazione di una udienza per il 22 settembre proprio lì a matera la capitale europea della cultura nel 2019. In un battito d'ali arriva il mercoledì 21 e la mattina alle 9 telefona il responsabile del CAD centro assistenza domiciliare per un'ulcera alla caviglia di mia madre che finora era in medicazione all'ambulatorio dell'isola tiberina a pagamento 40 euro due volte la settimana 80. – Sì grazie va benissimo a che ora arriva? – Eh sono sulla portuense ho sessant'anni il tempo di arrivare non è che posso volare; come se gli avessi detto cotica. – No, era solo per trovarci pronti. Comunque, drriin, è già qui, buongiorno ecco si stenda le bende la soluzione fisiologica l'ultimo certificato medico descrive una lesione ulcerativa a fondo eritematoso lavaggio con aquacell e bendaggio elastocompressivo verrà l'infermiera venerdì quando ci saluta. Neanche il tempo di chiudere la porta è ora di andare all'isola tiberina per la visita cardiologica sempre di mia madre fissata già da maggio. Con la skoda simply clever saliamo su per il gianicolo e giù per via dandolo il ministero dell'istruzione viale trastevere un semaforo due tre piazza mastai e il monopolio di stato il tevere ponte garibaldi e il ponticello dell'isola con l'ospedale al secondo piano cardiologia devo scendere a pagare il ticket e c'è una folla enorme il concetto di prevenzione è stato recepito in pieno mentre mia madre si trascina in mezzo a migliaia di persone che quasi la guardano strana qualcuno che sta male in ospedale è fuori posto infatti sembrano tutti in salute avvinghiati alle chiacchiere poi di sicuro è un'impressione sbagliata e stanno male davvero, comunque ci sono 60 numeri davanti a me e aspetto per quanto anche per la visita dal medico c'è la fila. Infine arriva il turno e allo sportello finisco dalla stessa operatrice già incrociata altre volte che parla continuamente con la sua collega dello sportello a fianco e ti fa sentire che sei lì a rompere il cà: - non ha l'impegnativa? – ops, no mi sono dimenticato; - deve pagare l'intero importo sono 60 euro; - ma ce l'ho l'impegnativa ... - guardi ho la fila cosa vuole fare? Pago. Neanche mi avveleno è un mondo così stupido sono tutti lì a contare i centesimi e quando hanno finito li ricontano per sicurezza e perché non hanno altro in mente e fanno una vita orribile e sono tutti infuriati e accusano gli stessi centesimi che non hanno. Ma non potrebbe essere che così, dieci euro grazie arrivederci, grazie sono venti euro buonasera, trenta quaranta e dieci che sono cinquanta tante cose e buona giornata, mi dia dieci centesimi le do il resto di venti e buona giornata a lei. Come può funzionare un mondo talmente misero. Finita la visita è già l'una e mezza. Mia madre deve prendere i diuretici anche se le dà fastidio andare a pisciare cento volte al giorno altrimenti non si attenua quell'affanno che se la porta. A casa preparo uno dei piatti tipici di questo periodo un minimo di pasta burro e parmiggia una mezza fettina in padella con due pomodorini un rettangolo di fontina un po' d'uva una pesca e un biscottino nel vino per concludere. Carico le borse in auto e passiamo a prendere SuperIcs e la moglie Erre i titolari della causa a matera una vicenda che per questa diramazione si protrae dal 1993. Una banca ha concesso un prestito di centomilioni di lire ne ha riscossi ottantasei di milioni e ora chiede altri duecentottanta milioni ovvero centoquarantamila euro a saldo. È in vendita la casa e non c'è verso di far risultare niente. Una cosa folle ma per niente sbalorditiva ce n'è un'infinità di situazioni assurde che mantengono la vitalità il brivido contro la noia del riconoscimento della verità il tedio della certificazione dell'evidenza. Vuoi mettere la svendita all'asta di una casa sulla base di contorsioni logiche acrobazie dialettiche parole che annullano documenti. Dopo un'ora siamo ancora sul raccordo anulare e alle 5,30 passiamo il casello di Roma Sud quindi scorrono tutte le località in uscita valmontone sanvittore cassino mi ricorda che devo andare al colloquio con sarath un indiano che è stato arrestato perché aveva in casa 6345 pasticche di derivato dall'oppio e 21 chili di bulbi di papavero da oppio e

24 kili di tabacco indiano, tutte sostanze legali in india e anche in austria ma vietate in italia quindi gli hanno dato due anni e mezzo. L'hanno considerato un trafficante internazionale perché il consulente chimico ha valutato che si potevano ricavare 10.500 dosi di morfina. Invece sono sostanze che usano soltanto gli indiani quasi esclusivamente chi lavora nei campi per alleviare la fatica, masticano quei bulbi che danno forza un po' come le vitamine, così le descrivono gli amici di sarath, mai sentite nominare magari sono da provare chi può dirlo. In effetti poi in appello viene assolto perché il fatto non costituisce reato. A frosinone è inevitabile il commento "ancora siamo a frosinone, non si arriva mai" e mancano 350 km. Mi telefona EmmeElle con cui non ci siamo sentiti negli ultimi giorni e mi chiede se ho eseguito il pignoramento alla ex moglie per una questione che si trascina dal 1994 oltre venti anni di cause, una volta avevo contato 25 giudici intervenuti nella vicenda ma ho perso il conto e saranno almeno il doppio ormai, ognuno ha deciso in un modo diverso creando uno sconquasso indescrivibile proprio per mantenere quel brivido che è l'essenza stessa del sistema giudiziario, si naviga nell'immaginario ove ciascuno vuole mettere qualcosa di suo e ci si perde nell'inammissibilità nel difetto di competenza o di giurisdizione, se ti rivolgi al tribunale civile ti mandano al tribunale amministrativo se proponi un ricorso ti richiedono la citazione e il motivo per cui si procede è dimenticato negli anni. Intanto siamo a napoli e anziché tagliare per caserta puntiamo dritti al mare sul golfo di salerno in direzione sud ci sono delle piazzole di sosta strepitose giù sulla destra c'è vietri che a quest'ora è in pieno scintillare insieme alla luna che riflette la sua argenteria tremolante sulle creste dell'onde. La pioggerella si è fermata giusto per darci il tempo di spizzicare una focaccia sull'ampio scenario naturale. E ci avviamo di nuovo lungo la famosissima autostrada salerno-reggio calabria che in questo tratto che costeggia la basilicata è completo ormai è a tre corsie. A sicignano inforchiamo la basentana e ci inoltriamo nella desolata terra di lucania passando dal traffico di roma e di napoli salerno al deserto assoluto con interruzioni ogni due kilometri e giusto una decina di veicoli

nei pressi di potenza una delle città più brutte del pianeta, contrariamente a matera che con i suoi sassi preistorici si erge ora a capitale della cultura, dal profondo degrado in cui era. E corre corre corre la basilicata parafrasando i riferimenti culturali degli anni di piombo tanto che ci sfugge l'uscita per il bosco di gallipoli e continuiamo fino allo scalo di grassano destra sinistra la nuova strada si addentra nei calanchi tutta dritta e veloce con l'asfalto fresco e nero senza incrociare nessuno arriva fin sotto il paese. Non c'è un'anima in giro. È mezzanotte e domattina partiamo alle 7,30 per l'udienza delle 9 non possiamo rischiare di arrivare in ritardo. Giusto il tempo di salutare Mix e Pixi che salgono a casa facciamo due chiacchiere alcuni progetti illusioni impensabili che invece pensiamo quindi ciao ci vediamo la prossima volta. Alle sei e mezza suona la sveglia chiamo mia madre che dorme all'interno 1 indosso il vestito blu del sarto di bangkok chiudo l'acqua stacco la luce e di nuovo in strada caliamo giù questa volta dai mille metri fino a valle tutte le curve che ormai quasi conosco e le taglio dove si può. Arriviamo a matera, gli avvocati non hanno il parcheggio riservato diversamente da quanto credevo finora. Al secondo piano siamo in tempo l'aula di udienza non è ancora precisamente individuata i fascicoli non sono ancora arrivati e così finiamo in coda nel mucchio c'è tutto il tempo di andare a ritirare la copia di un atto in un'altra sezione e soprattutto tentare di parlare con il pubblico ministero incaricato della denuncia contro la stessa banca per cui siamo oggi in udienza.
26.9.2016 ore 1,21.

NOTE CONCLUSIVE

È evidente che una vicenda come quella qui descritta e così a lungo vissuta non soltanto permette ma contiene in sé, implica e quasi impone delle considerazioni e quindi delle valutazioni di tipo sociale politico culturale. In definitiva mi sembra di poter dire che ancora una volta tutto si risolva nel conflitto tra stato di diritto contro eccesso di potere. Chi è al potere vive ben oltre queste vicende, non ne subisce alcun riflesso, anzi, con quel tipico distacco le provoca nella convinzione di doversi difendere da chi invoca i diritti. Infatti, nel mondo, ovunque, i diritti esistono solo come conquiste. Ma in molti casi sono conquiste senza effetto perché disapplicati, perchè chi è al potere teme lo stato di diritto. Bisognerebbe studiare gli effetti dell'applicazione sistematica e progressiva del diritto nei confronti soprattutto di chi è al potere, per verificare se anche costoro non finirebbero per averne dei benefici più che dei rischi. Ma faticano ad accettare soltanto l'ipotesi.
È certo comunque che lo stato di diritto non si è ancora affermato compiutamente. Peraltro nell'attualità siamo travolti dalle sottoculture dominanti dei paesi emergenti o arretrati che incidono pesantemente a favore dell'eccesso di potere. Lo stato di diritto invece rappresenta la civiltà, ovvero l'evoluzione dell'umanità, il progresso in opposizione alla barbarie, le conquiste dell'uomo sia sulla natura sia verso la perfezione dell'ordinamento sociale e delle istituzioni
Dal punto di vista strettamente tecnico giuridico l'eccesso di potere è il vizio di legittimità degli atti amministrativi che sono perciò affetti da nullità. Ma il concetto è molto più ampio e complesso. L'espressione nasce in Francia con dei primi riferimenti nella legge costituzionale del 1791 per evolversi poi nel significato di sviamento o straripamento dai propri limiti di uno dei tre poteri dello stato: legislativo esecutivo giudiziario. Ma si concretizza infine nel concetto di falso scopo dell'atto ovvero nella violazione dei principi di ragionevolezza e coerenza dell'azione amministrativa.

Invece lo stato di diritto deriva dall'espressione tedesca coniata nell'800 relativa a quella forma di stato che garantisce il rispetto dei diritti e delle libertà dell'uomo. È la forma di stato che persegue proprio il fine di limitare il potere e di contrastarne l'esercizio arbitrario e quindi l'eccesso attraverso gli istituti normativi quali la certezza del diritto, il principio di legalità, l'autonomia del potere giudiziario.
Perché è proprio lì che sta la forza dell'uno o dell'altro.
Il parlamento esprime il potere legislativo e promulga le leggi che rappresentano la conquista dei diritti. Tralasciando quelle leggi che già in sè costituiscono la negazione dei diritti perché in qual caso l'eccesso di potere è assoluto e incontrastato. Le opinioni le idee gli interessi le convinzioni le fantasie le ideologie le filosofie i dogmi le malattie mentali e quindi la stampa la televisione l'università la letteratura i convegni le assemblee le manifestazioni e anche le chiacchiere dei bar, nello stato di diritto convergono verso il parlamento che infine le trasforma in un testo di legge che poi vale su tutte le opinioni. La sua applicazione è garantita dal potere giudiziario. Infatti, nei tribunali non hanno e non devono avere accesso le opinioni. All'ingresso degli uffici il metaldetector impedisce l'ingresso delle armi ma soprattutto blocca le opinioni, che rimangono fuori delle aule.
Altrimenti, quando il potere giudiziario non riesce ad essere autonomo e garantire il rispetto dei diritti, continua a prevalere l'eccesso di potere a scapito della civiltà.
Civiltà intesa come comunità governata e garantita da leggi e da istituzioni politiche, ma più precisamente da leggi che incarnano la conquista dei diritti dell'uomo.
Nel mio caso per trenta anni ha prevalso l'eccesso di potere. Vi sono documenti che certificano il mio diritto ma l'ordine forense nega l'evidenza come se dovesse crollare l'intero sistema, al punto che anche i tribunali ne sono intimoriti e non hanno la forza di ordinare l'adempimento delle loro stesse decisioni. La cosa più folle è che in trenta anni non si è trovata una sola persona che abbia detto basta, finiamola, lasciamolo lavorare in pace. Niente. L'illecito è sbandierato e

noto a tutti ma l'Ordine lo difende e il sistema complessivo lo sostiene.

Nel ripercorrere questa vicenda mi sembra incredibile come abbia potuto far passare 30 anni in queste condizioni. Ed è stato possibile soltanto perché ho affrontato questa storia con convinzione ma tenendola sempre in secondo piano e anzi nella gran parte del tempo relegandola nel profondo della mente. Senza mai farmi prendere dal veleno. Non dico di aver fatto una vita splendida ma quasi. Anche perché quando in occasione delle continue fasi giudiziarie questa impresa riemergeva, aveva quale unico effetto quello di gratificarmi. Ho sempre considerato la prevalenza dell'eccesso di potere sullo stato di diritto come un fatto storico. La civiltà è ancora incompiuta e non ha la forza di applicare il diritto.
Il diritto è la vera scienza dell'umanità. Le c.d. scienze esatte invece più che scienze sono studi scoperte comprensioni di fenomeni esistenti in natura: le molecole l'energia la velocità, fin dalla ruota ai motori e ai pixel, esistono già come fenomeni o elementi. L'uomo nei millenni ne ha compreso il funzionamento e ha costruito strumenti sempre più complessi e utili.
Invece il diritto non esiste in natura ed è la vera scienza umana che regola ogni azione, comportamento, rapporto. Anche la semplice rotazione di un braccio non ha alcuna rilevanza, ma diventa illecita se nella traiettoria vi è la faccia di un'altra persona. La scienza giuridica ha codificato le norme già da millenni. E per il rispetto di quelle norme sono stati istituiti i tribunali. Ora, per sintetizzare e concludere, la civiltà compiuta ed evoluta si può misurare dal grado di prevalenza dell'eccesso di potere sullo stato di diritto ovvero dalla forza di affermarsi di quest'ultimo.
FINE.

www.ingramcontent.com/pod-product-compliance
Lightning Source LLC
Chambersburg PA
CBHW060832170526
45158CB00001B/148